陰山式 「突き抜ける子」の育て方

陰山英男

三笠書房

はじめに——学校のような家庭で子どもの才能を引き出す！

今の子どもたちにはともかく「遊び」がない。私が子どものころは学校から帰ってくると、ランドセルを玄関に放り投げ、すぐに友達と遊びに出かけたものです。

もちろん時代は変わりました。子どもたちが安心して遊べる環境も少なくなっているかもしれません。

しかし、だからといって、幼稚園、保育園、学校から帰ってきても遊びに出かけることはなく、外へ出たとしても塾や習い事に忙しい。子ども時代は短いのに、今の子どもたちの忙しさは不安になるほどです。

さらに私が危惧しているのは、親がつきっきりで子どもと過ごすことにより、コミュニケーション能力も育たず、子どもたちの視野も狭くなってしまうことです。

変化の激しい時代だからこそ、わが子には勉強をたくさんさせて、いい大学に入り、いい会社に入って幸せな人生をと願うかもしれません。

しかし、本当にそう思うのならば、逆です。

勉強はさっと終わらせて、さまざまな年齢の子どもたちと遊ぶ時間を作りなさい！

私は声を大にして言います。それこそがこれからの厳しい社会を生き抜く力となります。

もちろん、遊びなさいといっても、学力はあってこそ、学びあってこそではあります。

しかし、教育の世界に長く身をおいて、さまざまな子どもたちを見てきた私からすれば、学力を上げるのは簡単です。

本書でもお伝えするように徹底反復で基礎能力さえしっかりと身についていれば、勉強のやり方やコツなどはあっても、効率よく学べば学力は伸びていきます。

これからの日本、世界は今まで以上に大きく変わっていくと予測できます。

すでに、日本国内にもかかわらず、外国のようになっているエリアも増えてきています。

今は相手が日本語を話してくれているかもしれませんが、そのうち英語で話しかけられ、英語で答えなければいけなくなる場合もやってくるでしょう。

また、円は弱いからドルで支払ってくれる？　なんて言われる時代もやってくるかもしれません。

将来、日本がどのような姿になっているのか、それはわかりません。しかし、どうなるかわからない、そんな時代を私たちは見据えたうえで教育をしていかなければいけないのです。

今日の平穏な日が明日も続くとは限らない。

これは以前にも増して思います。だからこそ国内はもちろん、海外情勢、そして地理、地政学などの知識をどんどん拾っていかないといけないのです。それこそが子どもの幸せにつながるのです。

子ども時代の幸せは大人時代の幸せにつながります。そして幸せになるために私たちは生きています。

学校にすべてを任せるのではなく、ぜひ、わが家はどう生き残るか、激動の時代、どのような人生をわが子は歩みたいのかをご家庭で話し合う機会をもっともっと増やし、学びの機会も普段から意識して増やしてあげてください。いわば学校のような家庭を築いて欲しいと思います。

親が伸びれば子どもも伸びる。
子どもが伸びるか否かは親次第なのです。
教育とは明日を今日よりよくすること、つまり変えることです。
本書がこれまでの考え方や教育法を変えるきっかけとなり、子どもがのびのびと、
幸せに育つきっかけとなれば嬉しく思います。

陰山　英男

第1章

親 ～親も教育に対してプロでなければなりません

第2章

子ども　～3時間以上勉強するとアホになります

第3章

家庭　～家庭も経営する時代です

第4章

教育 ～バカ正直はただのバカ、くそ真面目はただのくそ

olá!
Hello!
こんにちは!

第5章

社会　～今日のような明日があると思うな

編集協力　金本智恵
執筆協力　浜田経雄（ice）
本文イラスト　河合美波

第1章

親

～親も教育に対してプロでなければなりません

親も教育に対してプロでなければなりません

世界中で問題になっている「経済格差」、日本も例外ではありません。

「日本の金持ちの子どもは塾などへ通い、いい大学へ行くことができるが、貧しい家庭ではそれもかなわない」という意見も聞きます。しかし一方で、年収450万円以下の家庭の子がいわゆる一流大学に行く機会も増えています。

授業料は値上げすることになりましたが、東大は2008年度から、年収400万円以下の家庭の学生の授業料を、全額免除としました（2025年度から年収600万円以下に）。東大は、こうした学生に期待しているのです。

他にも奨学金の充実など、各大学は格差の是正に動いています。こういう情報は大事なのですが、案外知らない方が多いですね。つまり、親が教育に関する正しい情報を集めようとしないのです。問題なのは「経済格差」以上に「情報格差」なのです。

お金を運用しようとするとき、かつては銀行や郵便局に預けて、定期預金（定期貯金）にしておけば高い金利がつきました。ところが、今は金融商品を選んで買わなければお金は増えません。高金利のものはリスクもあり、得をすることもあれば損をすることもあります。

このように現代は、正しい情報と、的確な判断力を持った人だけがお金を増やせる時代なのです。

教育も同じです。子どもの豊かな未来を確保するためには、正しい情報をつかんで、自らが判断しなければならない時代なのです。

親は、教育を塾や学校に任せきりにするのではなく、わが子が「どういう子どもに育って欲しいか」というビジョンをしっかり持ち、正しい情報をもとに指導することが大切でしょう。

私が提唱する「プロ親」というのは、親も教育のプロであれということです。プロ親は、子どもの教育のために自ら考え、判断し、実践できる親のことです。言い換えれば「成長する親」です。一方で、教育に関しては人任せの親がいます。「百ます計算をしました。次は何をすればいいのですか」と自分では考えない。それでは子どもは伸びません。「アマ親」ではいけないのです。

実は、教育の成果を出すことは意外と簡単です。先生の意識が変われば子どもも変わります。校長の意識が変われば学校も変わります。指導というものはそういうものなんです。指導者が変わらずにいて、子どもだけを変えようと思っても変わりません。親といえども、子どもの教育に関しては指導者です。ですから、親が変わらずにいれば子どもも変わりません。

親の立場は野球のチームで言えば監督です。自分の子どものことをいちばん知っているのは親ですから。学校も地域もコーチにすぎません。

監督の采配ひとつで勝ちゲームを落とすこともあるし、負けゲームを挽回することもあります。親の判断力が重要なのです。親の指導力を超えて子どもが伸びるのは、かなり成長してからです。

つまり、親が伸びれば子どもは伸びるのです。

子どもの教育も親の力量次第ということです。

親は、勉強ができなくてもいいとは絶対思ってはいけない。口にするのは厳禁

子どもが勉強する背景には、「勉強ができるようになって欲しい」という親の願いが反映されています。子どもはものすごく伸びることもある反面、ものすごく縮むこともある。伸びたり、伸び悩んだりするということです。

その子どもの伸び縮みを決定づけるのは親の接し方、子どもに対するイメージです。基本的に子どもは大人のイメージ以上には伸びません。伸びると信じ続けると、かならず突き抜ける日が来ます。しかし、なんにもないのに突然絵がうまくなったり、勉強ができるようになったり、凡才が天才になったりすることはありません。何かしらのきっかけがあるはずです。そのきっかけは親の前向きな姿勢から出てくるのです。「勉強なんてできなくてもかまわないよ」とだけは、親は思ってはいけません。親が思っていれば、言葉に出さなくても子どもに伝わります。そして、その子どもは伸びなくなるのです。

親の危機感が子どもを伸ばす

我々の子どものころからあった社会の常識は、日本の経済は右肩上がりで成長していくというものでした。

日本が不景気になったといっても、ほかの国に抜かれるなどとは考えなくてもよかったのですが、今やそれが通じなくなっているのです。

日本のＧＤＰ（国内総生産）は２０２３年に世界第４位へと転落、２０２５年にはインドにも抜かれると言われています。残念ながら、上位への返り咲きは難しいでしょう。

そういう現実をこれからの親は考えていかなくてはならない。子どもがどうするかということより、自分たちがこの国をどうするのかを考えて欲しいのです。

親が危機感を持つと子どもにも伝わります。この時代の中で生き方を考え続けていく、その姿勢を見て子どもも勉強に身が入るのです。

小手先で子どもの学力を上げようと考えるのではなく、親自身が学ぶ重要性を感じることが大切です。

たとえば、政治や国際情勢などのニュースを一緒に見て考えたり、話し合ったり、親の意見と子どもの意見を比較したりしてもいいでしょう。教えなければいけないと思うのではなく、一緒になって考えることが重要です。

また、図書館の活用もお勧めです。今は一度にかなりの冊数の書籍を借りることができます。さまざまなジャンルの本を借り、自宅に「移動図書館」を作るのです。

子どもの学力の原動力となるのは好奇心です。その好奇心の芽を伸ばすのは、親自身の価値観に裏打ちされた行動があってこそ。親が真剣になれば、子どもも真剣になるのです。

親が「難しいことはわからん」などと言っていると、子どもも、「難しいことはわからなくてもいいや」ということになりがちです。

子どもがジャンルを問わず、広く興味を持てるように、親はさまざまなことに興味、好奇心を持つことが大事なのです。

もっとも重要なことは親が自ら考える

「子どもの将来の選択は子どもの主体性に任せます」という保護者をよく見ます。これは模範解答のようで、実は危ういことなのです。なぜなら、これだけ価値観が多様化した現代社会で、子どもが自分自身できちんとした職業選択をするなどということはできるはずもないからです。

子どもの将来は、やはり親が一緒に考え、ある一定方向を指し示してあげたほうがよいのです。これは子どもに私立の学校を「お受験」させて、いい大学に入れなさいという話ではありません。

現在、大学受験はさまざまな方法があります。マーク式ですが、思考力や判断力が求められる大学入学共通テストのほか、人物本位のAO入試、一芸入試、自己推薦入試など、必ずしも学力を求められない試験もあります。

また、最近の大学は高校の調査書を重視するようになっています。学校の勉強をないがしろにして塾で勉強しても、受験には不利な時代なのです。

私がいちばん心配なのは、これらのことを知らずして、無理なお受験に走ることです。マスコミや他人の情報に不安をあおられて、明確な目的を持たずに塾漬けにしたり、無理矢理に受験勉強をさせたりするのは、子どもにとっても家庭にとっても悲劇です。

子どもを医者にしようと思ったり、東大に入れて官僚にしたいと考えてもかまいません。むしろ、子どもの将来を具体的に考えているのですから、望ましいとも言えます。そのために塾に行くのもいいでしょう。

しかしそれは、家族としてその方向にかなり高いハードルを置くことになります。覚悟をして、どうすればいいかを一緒に考えることが必要になってきます。

情報に惑わされてしまうと、「早寝・早起き・朝ごはん」といった指導の基本から離れ、ときにはとんでもない無理をさせてしまい、かえって子どもの未来を閉ざすことにもなりかねません。不登校になるひとつのパターンです。

どんな選択も、まずしっかりと親自身が考える。それが重要なのです。

子どもの自信は親が作ってやるもの

細かい議論はいろいろありますが、世間では一般的に、「子どもに失敗させないことが自信を失わせないこと」だと思われています。けれど、自信は失敗しないから生まれるのではなく、困難を克服したときに生まれるものです。

子どもは夢を持っています。そして伸びようとしています。そのときに、必ず壁にぶつかります。上昇しようとしているわけですから、自分の目標に対して、力がついていけないところが必ず出てくるのです。

では、うまくいかなくなったときに、そこからどうあがくか。そのときに「がんばる」という言葉が出てくるのです。自分ができることや、得意なことをやっているときには、「がんばる」という感覚はありません。

自分の力だけでは克服できなかったり、精神的に不安定になったりしたときが、親の出番です。そこを克服して、人は自己実現をするのです。

夢を持てば、自らの至らなさを知り、傷つくこともあるでしょう。教育は、そこから這い上がり、克服するために存在するのだと思います。人間は大人になるまでに一度は挫折するのは普通です。傷つかずに大人になった人はいません。

それなのに、今は子どもに失敗や挫折をさせないようにしている。それは実は、親自身が傷つきたくないからです。

さらにそこに親の世間体や見栄がからんでくると、親のために子どもに失敗させないようになってくる。これがいちばん問題です。

親の役割は、子どもが失敗したり、傷ついたりしたときに、しっかりつき合ってあげることです。

確かに、子どもが失敗するのを見ているのはつらい。でも、それが子どもを成長させるのなら、それを見守る勇気も必要です。そして、子どもと一緒に傷ついて落ちこめばいいのです。そこから、一緒に這い上がることが重要なのです。

「プロ親」は、子どもの失敗を見守り、それを克服する支えになる親です。

子どもに親が理想を持っていいのです

子どもの人格を尊重するあまり、親が子どもに理想を抱き、それを押しつけるのはいけない、と言われることがよくあります。

そう言われて、ひるむ人がいますが、あまり気にしないほうがいいと思います。むしろ親は子どもに夢を抱かないとだめだとさえ思っています。

親が子どもに理想を抱く……、少しも不思議ではありません。ただ、押しつけるのなら、上手にやらないと。そうでなければ、ただの負担にしかならないでしょう。

重要なのは、子どもがその理想をうまく共有できるかどうか。ポイントは、憧れや尊敬の気持ちを育てることができるかどうかです。

医師や教師の子どもたちには、親の職業を継ぎたいという子が多くいます。それは、どのような仕事かがわかっているのと、親の働く姿を知り、その仕事に対する憧れや尊敬の気持ちがあるからです。

この気持ちを持つようになってくれれば、それはそれでいいのです。むしろ心配なのは、親の気持ちを押しつけてはいけないと萎縮する場合です。

親が言いたいことを言わないと、子どもは不安に思います。親子ですから、堂々と言うべきことを伝え、子どもに対して夢を持っていることを伝え、ともに考えるほうが、はるかに意味があります。

それがあれば、子どもに苦しいことがあっても、親は励ますこともできるし、苦楽をともにすることで語り合う機会も増えます。そもそも、世の中を知らない子どもは、適切に夢を持つということができない場合もあります。親がかかわることは何も問題がないのです。

よく、子どもの夢が公務員というのは問題だという人がいます。親の価値観をそのまま持ちこんでいるからというのが理由です。これは、夢の内容が適切かどうかという問題であって、親がかかわってはいけないという意味ではないのです。

お母さん、「子育て命」にならないように

江戸時代の学者・貝原益軒の『和俗童子訓』という書物に、「大切な子どもは乳母に育てさせろ」と書いてあります。それも温和で慎み深く、無口な乳母にせよと。親が甘やかして、悪いことをしてもかわいいかわいいと言ったり、暖かいものを着せ、うまいものを食わせているとろくな人間にならない、と。

これはなかなか示唆に富んでいます。現代でも、親は変な刺激を与えるのではなく、大事なことをコツコツやらせることが大切です。刺激的な言葉を子どもに投げかける親はダメ。子どもが不安になります。刺激的な言葉を使う親は、子育てに命をかけてしまっている親です。自分の人生をすべて子どもにかけてしまっているから、子どもの学力が伸びなかったり、言うとおりに行動しないとヒステリックになってしまう。

おだやかに、一つのことにコツコツ取り組むように育てるためには、言ってやらせて見守る姿勢が大切です。「子育て命」にならないようにしましょう。

カラ元気でいい。親は不安な顔をしてはいけません

親は子どもを不安にさせてはいけません。

子どもは不安を抱えると落ちついて勉強することができないからです。

親が不安になると子どもにその気持ちが伝わります。カラ元気でもいいから明るくドーンと構えていればいいのです。

家庭だけではありません。たとえば不況と言われている中、自分の会社の社長が不安な顔をしていたら社員はどう思いますか。安心して働けなくなるでしょう。

社長が、よそはよそ、うちはちゃんとやっているから大丈夫と平然としていれば、社員も安心して働けます。これが大人というものなんです。

大人はどんなときも泰然自若としていれば何とかなるものです。

親は子どもに対して、「大丈夫、何も心配いらないよ。やるべきことをきちんとやればいいんだよ。何か問題が起きたらお母さんがいるし、お父さんだっているんだからね」と安心させることがいちばん大事です。
親が不安に思えば、その3倍くらい子どもは不安になるものなのです。

三日坊主にも3日続けるメリットがある

運動にしろ、学習にしろ、家庭で子どもに指導すれば、学校と同じように着実に効果が上がります。お母さん方は、「毎日やるなんてとても無理だわ。また三日坊主になってしまう」と悩むことが多いようですが、それは子育てを減点法で考えるからです。

100点満点の子育てを想定しておいて、私はこれができていない、これもできていないとひき算をしてしまうと、たとえ90点でも気が滅入ってきます。

けれど、たとえ三日坊主でも3日やったメリットがあるのです。だから、落ちこむ必要はありません。3日分の効果が上がった、とおおらかに構えていればいいのです。

子育てもマイナス面だけを見ず、メリットを見つけて発想をプラスに転換していくようにしましょう。

子育てにお得な情報はありません

「百ます計算をやりました。次は何をやればいいのですか」と質問してくる親御さんが意外と多くいます。正直、私は答えに困ります。それを考えて欲しいのです。

親も混乱の中から自分で考え、自分で答えを導き出して欲しいのです。だって、その子のことは親がいちばんよく知っています。つまり、一番正しい答えを出せるのは親なのです。自分の知らない人が言っていることは関係ないんです。

「ここに問題があったんじゃないか」「ここはこう対策を打つべきではなかったか」などと、メディアで書かれることがありますが、そんなのは全部が結果論です。

何ごとも、問題は絶対起きるんです。起きないに越したことはありませんが、でも起きるんです。だとすれば、混乱とか問題が起きることを前提に考えたほうがよっぽど健康的じゃないですか。

うまくやれば問題は事前に解決できると思う。それは錯覚です。

教育に終わりはありません。絶えず新しい課題が出てきます。ですから、子育てにお得な情報は存在しないと思ったほうが、自主的な努力ができて結果はいいのです。

さまざまな情報を見て迷ってしまうのなら、あえて視野を狭くすることをお勧めします。

私もよくやるのですが、悩んだらデジタルデトックス！ ネットなどにアクセスせず、自分で考えてみるのです。

そしてもう一つ、いい子育てをしているなと思う「先輩ママ」を見つけること。会話ができたり、衣食住含めどんな選択をしているのかを横目で見ることができたり、すぐに真似できるような近い存在の方がお勧めです。

時間の感覚や思考が整理されている人は、自分の発する言葉にも責任を持てる方です。そういう視点で「先輩ママ友」を探してみてもいいかもしれません。

学校批判に乗らないよう注意しましょう

子どもが小学校に入学してしばらくたち、保護者の方も学校に慣れ、生活に慣れ、他の親との関係にも慣れてくると、学校の至らない点も見えてくるようになります。すると、保護者の中に学校の批判をする人が多くなってきます。一概に批判が悪いとは言いませんが、批判のための批判だったり、悪口のための悪口になったりしている場合は問題です。

真面目なお母さん方は、子どもの成績が思うように上がらなかったり、先生や他の保護者との人間関係がうまくいかなかったりすると、「私が悪いのかしら」と悩むようになります。そして悩んだあげくに、「学校（先生）が悪い」という結論を出しがちです。問題をだれかのせいにすると悩みから解放されるからです。

その結果、保護者同士が集まったときに、学校や先生の悪口を言ってうさを晴らすことになります。

こうした集まりでは、ついつい悪口も過激になり、心底から学校が悪いと信じこんでしまうと問題は難しくなります。

教育問題に限らず、批判からはよい結果は生まれません。

批判したことは必ず相手に伝わります。

言われた相手はその人をよく思わないでしょうし、言った本人は人のせいにすることで自分の反省はしなくなります。

また、学校が悪いということを前提に家庭で話をしていると、それを聞いた子どもも先生の言うことを聞かなくなります。結局、一つもよいところがないのです。

もうそろそろ、学校を批判することをやめませんか。

たとえば担任の先生と気が合わないとしても、悪口を言えばそこでおしまいになってしまいます。逆に悪口は飲みこんで、うまく人間関係を築くにはどうすればいいかを考えると、解決の糸口が見えてきます。

これは我慢して問題を抱えこめと言っているのではありません。学校や他の保護者に対して不満があるときは、うわさ話としてその場かぎりの批判をするのではなく、自分の問題として捉え、自分自身もよりよく変わりながら相手も変えていこうという前向きな姿勢を持つことが解決しやすいということです。

ここでも「先輩ママ友」の存在が頼りになるでしょう。「先輩ママ友」はどういう風に考え、どんな風に対応しているかを見て、判断しましょう。

もちろん、ひどいいじめや問題がある場合は、しかるべき機関に相談する、問題として取りあげ、対策をとってもらうことも大事なことです。

確かに問題教師もいます。しかし、ほとんどの教師は真面目に努力しようとしています。今の時代、教師もわけのわからない忙しさで、学校のため、子どものためと思っても、できないことも多いのです。

批判のかわりに励ましてあげるくらいのことをされるとどうでしょう。そうすればうまくいく場合が多いものです。

先生がどんな人でも、まず味方にすること

教師という仕事は忙しくて、子どものためになることをしたいと思っていてもできないこともあるのです。とはいえ、私から見ても、ダメ教師というのがいます。

しかし、極めて例外的な教師を除けば、とりあえず授業はしてくれるわけですから、これを味方にしない手はありません。

学校での子どもの様子を知るためには、保護者のほうから先生が話しやすい雰囲気を作るのが有効です。

教師だって人間です。親と教師の間に信頼関係ができれば、先生方も子どもたちの詳しい様子を聞かせてくれるでしょう。

話しやすい親とはどんな親か。それは、偏った知識で一方的に学校を批判するのではなく、子どもとそれを取り巻く学校、社会を客観的に見ることができる親です。

話しやすい親になるためには、自分で情報を収集して、自分の頭で考えることが大切です。

現在の教育に関する情報をきちんと把握して、子どもを取り巻く状況を知り、子どもの心の様子を理解する。親も子どもと同じように、日々勉強を重ねる必要があるのです。

ハズレ教師の存在そのものをなくすことは、法的な課題もあり、簡単には進みません。その間にも子どもは成長しますから、親には現実的に対応することが求められるのです。

「ほめて育てる」より上策は、「育てて驚く」

私が実践する「陰山メソッド」は、基礎的・基本的な内容を徹底的に繰り返すことで、2つのことをねらっています。

一つは同じことを繰り返すことで、脳そのもののパワーを高めること。もう一つは、学習に必要な知識の定着です。この2つが機能することによって、子どもたちの先々の成長を早い時点から確保します。

「早寝・早起き・朝ごはん」はそのベースとなります。脳がパワーアップすると集中力の向上という形で現れてきます。

その結果、本人も親も教師も思ってもいなかったような効果が得られます。そのときの親の評価の示し方ですが、ほめるのではなく、驚いてやることです。

ほめるというのは、親の想定内の成長を遂げたときのこと、その成果は親の努力によるということを意味します。しかし、想定を超えたことをやられると親は驚くしかありません。これはもう、本人の努力による成果ということを意味します。

100を想定していて、80できれば「よくできたね」、100できると「本当にすごいね」ですが、120できると「なんでできるの！」ということになります。

人間は、コツをつかむまで伸びないときがあります。普通はそこであきらめる。親も変にやさしいと、「まあ、難しいからできなくてもしょうがないわね」と言ってしまう。しかし、とことん反復することで突然学習能力が急上昇するのです。それが「突き抜け」です。それで皆驚くのです。

そのためには、親は子どもが絶対できるということを信じて疑わないことです。親自身が「できる」と信じこむことです。

あきらめたり、80パーセントできたからとほめたりすると、子どもは絶対に伸びません。

徹底反復は、同じことの繰り返しですから、本当に驚くほど子どもは伸びます。その成長を見れば、親としては驚くしかありません。そこがもっとも重要なところなのです。

叱る言葉に力がないと、子どもは叱れない

子どもを叱るときは、十分言葉を選んで欲しい。

これこれができていないから何々をしなさい、というのは非常に表面的です。

なぜその子はそれをしないのか、なぜこれをしなければいけないのかを親が十分に考え、咀嚼(そしゃく)したうえで子どもに伝える必要があるのです。

そしてそのときは、確実にその子の心に一発でヒットする言い方をしないと伝わりません。

ヒットする言葉とは、その子を理解したうえの言葉です。その子がどういう状況にあり、できることとできないことを十分理解したうえで、伝えて欲しいのです。

子どもは自己弁護のため、いろいろな意見を繰り出したり、時に嘘をついたりします。だんだん大きくなって知恵がついてくると言いまかしてやったと思う子も出てきます。

たとえどんな言い訳をしても、わが子が悪いことをした場合は、親は毅然とした態度で、きちんと叱らなければなりません。

もちろん叱り続けてばかりだと、子どもとのコミュニケーションに問題が出てきますので、ここいちばん、きちんと教えなければいけないというときにきちんと叱るようにしましょう。

今は、子どもに対して甘口の言葉が氾濫（はんらん）している時代。その言葉をかき分けて子どもの心に響かせるには、全身全霊をかけて力のある言葉を発しないといけません。

デジタルデトックスで、本当に必要なものを見定める

今は子どもも当たり前にスマホを持つ時代となりました。

これは時代の流れもありますので、仕方がないことだと思います。しかし、ここで大事になるのが、デジタルの活用ではなく、デジタル社会でこれからどのように生きていくのか、稼いでいくのかを、子どものころから考えていくことだと私は思っています。

これは子どもだけではありません。大人にも当てはまることだと思うのですが、本当に必要なものは何なのか、いってみれば生き抜く知恵のようなものをつけることが大事だと思います。

デジタル化によって広く情報は取れるようになり、世界は広がりました。働き方も多様化しました。しかし、実際はというと、そこまで広がっていない一面もあります。

そこで大事なことが、どのように生きていくのか、なのです。

今、闇バイトも問題になっていますが、彼らの多くが生活費に困っていた、借金を抱えて困っていたなどの理由を口にします。彼らは稼ぐ術を知らず、ネットにあった甘い言葉に負け、犯行に及んでしまったのです。

現代は物価高騰などもあり、生活していくだけで大変な時代です。別に給料の良い大企業に入れといっているわけではありません。

今やユーチューバーとして稼ぐことも可能ですし、働き方は多様化しています。だからこそ早い時期から、自分はどのような道に進み、どのように稼いでいくか、どんな人生を歩んでいくかを、お子さんと一緒に話して欲しいのです。

そのためにも、たまには親子でデジタルデトックスをして、10年後、20年後、政治、経済を含め、未来へ向けた会話をする、さまざまな職業について話し合ってみる、そしてそれに伴う責任なども話す。厳しい時代こそ、そういったことを子どものころから話し合っておくべきなのです。

天才は育てられないから、天才なのです

もし、あなたのお子さんが天才だったら……、放っておきなさい。

天才の育て方なんていう本がありますが、これは矛盾じゃないでしょうか。育てようとしても育てられない。だから、天才なんです。

天才というのは、凡人の理解の及ばないものです。ですから、そもそも教育論に合わないのではないかと思います。

アインシュタインは、計算が苦手だった。でも、だから普通の子も計算ができなくていいという話にはならないでしょう。天才は、どのような環境であっても、才能を発揮していくものではないでしょうか。

ゆとり教育が行われていた時代、基礎・基本をやらせようとしたとき、天才の生い立ちを引き合いに出して、あまり指導者が口やかましく言うものではなく、支援に徹することがいい、という意見がマスコミを賑(にぎ)わしていたように思います。

しかし、天才は天才です。私は、普通の子の普通な育ち方を念頭において教育を考えればいいのではないかと思います。

天才を育てる！　と意気込むのではなく、基礎を固め、苦手を克服し、子どもが得意とすることを伸ばしてあげるサポートをすることで、才能を開花させてあげれば、親子ともに幸せなのではないでしょうか。

習い事？　それよりも遊ばせましょう！

習い事はなんのためにするのでしょう。子どもにどんな習い事をさせてもいいですが、やる前に目的をはっきりさせておくといいでしょう。

たとえば、娘にピアノを習わせたのは、家の中にピアノを弾いてくれる人がいるといいな、と思ったから。それもいいと思います。

晩ごはんを食べるときに生演奏なんていいじゃないですか。

子どもにとって、親が聴きたがっているというのは、やる気の一つですからね。子どもの習い事を親が楽しめなかったら、子どももつまらないですし、がんばって練習しようとは思わないかもしれません。

習い事は趣味の世界です。親の趣味でもかまわないと思います。しかし、習い事は週3日以内。それ以上は反対です。

今の子どもたちは習い事に忙しく、友だちと遊ぶための時間が少ないようです。しかし、子どもは遊びの中でけんかをしたり、言い合ったりすることでコミュニケーション能力を培っていきます。子ども同士の遊びの中から組織の中でのモラルやルールを身につけていくのです。遊びからコミュニケーション力が育てられないと、孤立を生み、大人の庇護を求めなければいけない状態になります。そして大きくなっても孤立を引きずってしまいます。社会になじめず引きこもりになってしまう、これは大きな問題です。

内閣府の調査によると、15〜64歳の引きこもりは推定146万人とされており、問題になっています。

もし、水泳でも習っていて、オリンピックに出られそうなくらいの才能を示して、その道に行きたいと言い出したら、それは別問題ですが、私は習い事をさせるよりも「遊び」の時間を増やすべきだと思います。

そして習い事をさせるのであれば、サッカーやバスケットボール、バレーボールなど、チームプレイできるものがいいと思います。キャンプなどの野外活動もいいですね。

勉強も習い事も、子どもの未来を思ってのものだと思いますが、なぜ習い事をさせるのか、子どもにどうなって欲しいのかをまず考えてみてはいかがでしょうか。

いい実践はダメ。極悪でなければ

人と同じことをすれば、同じ結果が出る、これは当たり前です。周囲と違うことをすれば違う結果が出ます。常識的な実践からは常識的な結果しか出てきません。「常識」と呼ばれているものは、あちこちで同じような結果が出ているということに過ぎないのです。

人と違う結果を出そうと思ったら、非常識な実践をすることです。

いい実践は今までみんながやってきたのだから、悪い実践をしなくてはならない。それも中途半端じゃなく、思いきり悪い実践です。

私は子どもたちに漢字200問のテスト問題を答えから教えていました。子どもたちは問題も答えも知っているから安心して解けます。試しに解いてみたら200問中100問解けたとすると、100問はすでに覚えられたことになり、残りの100問を覚えればいいわけです。

日本の学校教育は方法ありき、漢字はこう覚えましょう、計算はこうしましょう。はい次はテストです。はい何点ですね。次もがんばりましょうといった具合です。

そうではなく、このクラスの子どもたち全員を漢字テストで90点以上取れるようにするとしたら、どのようにすればいいのか、効果的、効率的な方法を考えるのです。

私が取り組んできた実践は、周囲から極悪と言われるような、ありえないことでした。しかし、だからこそ、子どもたちが目に見えて変わるのです。


今、全国7カ所くらいの学校で行っている試みがあります。冬休みで200の漢字を覚えてもらい、2月にその漢字の熟語を覚えさせると、それでその学年の漢字はほぼ完璧になります。そして3月にその翌年の漢字ドリルを全学年の子どもにもたせ、2週間ほどの春休みで宿題として出し、4月の始業式から少し経ったころに1年分のまとめのテストから入るのです。

学校が始まってからすぐにまとめのテストをやる、これこそ信じられない方法かもしれません。

しかし、この漢字テストでほぼ満点を取るようになった生徒には驚くべき変化がありました。なんと理科や社会の点数も上がったのです。

この理由は簡単。これまで漢字が読めない＝教科書が読めなかったからできなかったのです。

目指す目標をしっかりと見定め、その目標にたどり着くために、最も効果的な方法を考える。その時に重要なのは、手段を選ばないことです。

よいとされるあらゆる方法で試され、今があります。本当に効果的な方法はよいとされない、悪いとされるものの中にあるのです。

教師も親も常識にこり固まっていると、変わったことができなくなってきます。常識を疑って非常識なことをやることで、やがて真実の姿に戻ってくるのです。

今までの教育の世界は、言葉の世界。事実を客観的に見る構えが弱いうえ、こり固まっているから身動きが取れないのです。

だから言います。実践するなら常識にとらわれず、極悪であれと。

まずは成功者に聞け。専門家の意見はそのあとだ

たとえば、英語学習。英語をものにした人に聞けば、まずまちがいなくその主要な学習方法は丸暗記だと言います。ところが、英語学習の指導者に聞けば、パターンプラクティス（基本文型中心の学習）のような暗記学習はよくないと言います。なぜでしょうか。

成功者は、成功のための努力を語ります。しかし、日本の専門家は失敗させないことを第一に考えます。ですから、暗記学習はよくないと語るのです。

暗記学習をうまくやるにはコツがいるのですが、そこを解きほぐすことはせず、失敗させないためにさまざまなことを言うのです。これは、今の日本が何でも批判するという病のような言論状況になっていることが大きいと思います。しかも、教育の世界ではその傾向が強すぎるのです。

百ます計算批判もその典型ですし、勉強を強制するのもよくないというのもそう。

何もやらなければ失敗はしないかもしれませんが、成功もしません。特に今までは、子どもの状況がうまくいかないとすぐに学校や教師の批判につながっていましたから、仕方がなかったかもしれません。

でも、状況は大きく変わりました。今は、失敗してもいい。成功のための努力を世の中が求めるように変わってきました。

まずは、成功者の意見を聞くことです。そこには成功への道筋があります。そして、専門家の意見も、必要に応じて知っておくといいでしょう。失敗の危険性がどこにあるかの見当がつきます。

こうした戦略性のある実践が必要な時代です。

悩みすぎはマイナス。親バカくらいでちょうどいい

子育てや子どもの教育のことで悩んでいる親御さんがたくさんいます。それは、子育てを減点法で考えるからです。

理想の子育てというものを作り上げて、これだけすれば100点満点と考える。だけど私はこれができていない、これもできていない、と、どんどん減点していってしまう。こう考えているから自分を責めることになってしまうんです。

お父さん、お母さん、悩みすぎですよ。自分のことで深く悩まれると、子どもはもっと悩みます。

子どもは失敗して、大切なことを学びます。もともと子育ては、教科書どおりにはいかないものです。ですから、もっと気楽に構えてください。

私は母親としては80点ぐらいかな。でも、今日は朝ごはんのおかずが一品多かったし、宿題も見てやった。じゃあ、今日は90点にしとこう。

こうやって前向きに加点法で考えれば、「私って意外にいい母親」「うちの子もなかなかやるじゃない」と思えるようになります。親バカくらいでちょうどいいのです。

要は、程度問題ということです。

何よりそうやって親御さんがプラス思考で物事を捉えることで、子どもの思考も変わります。

子は親を見て育つのです。

心配事の多くは、起きてから対応するくらいでちょうどいい。

心配は増えるほどに、人の動きを止めてしまい、マイナスになるのです。

心配性にメリットは多くはありません。

第2章

子ども

~3時間以上勉強するとアホになります

3時間以上勉強するとアホになります

子どもを家庭で勉強させるのは結構なことです。ただ、やればやっただけ学力もアップするかというと、残念ながらそうはいきません。

以前、山口県山陽小野田市で行った調査によると、家庭学習と学力はある程度まで比例しますが、2時間半以上勉強している子どもの場合、そこから伸びにくくなります。3時間以上勉強すると学力は下がります。

勉強で重要なのは効率です。集中力を上げることが大事なのです。

のんべんだらりとやればいいというものではなく、メリハリのきいたカリキュラムが子どもを伸ばすのです。

夕食後もダラダラと勉強させることはせず、家庭では夜10時以降の勉強は中止しましょう。

もちろんテレビも禁止。次項でお話ししますが、小学生の場合、10時以降起きているのはそもそも百害あって一利なしです。

これは子どもだけではありません。仕事もそうです。集中して仕上げて、読書などをしてさっさと寝るほうがよほどいい仕事ができます。そういう点では、親が悪い見本を示してはいけないということかもしれません。

寝るのは能力である

少し前のお話ですが、熊本大学名誉教授の三池輝久先生の指導のもと、京都府八幡市教育委員会と私で、子どもたちの睡眠と不登校の研究をしました。

その結論から言うと、私は子どもたちの多くの問題の根底に、乳幼児の睡眠の質の低下問題があると確信するようになりました。

夜遅くなると人はだいたい眠くなるものですが、それは乳幼児の時期に、それなりの時間に寝るという生活習慣の中から獲得されたものです。

ところが、最近のように夜遅くまで乳幼児が起きていると、眠ることが習慣化せず、眠ってもしっかり脳が休まることがなくなってしまい、結局心身の疲れがとれないのです。

同じように眠っていても、熟睡する子がいる一方で、ちょっとした物音で目を覚ます子がいます。その違いを表現するのに、私は「寝るのも能力」と言うようにしています。

ぐっすり眠るということは、生きる力です。悩みのない子どもはいません。しかし、そこでくよくよしてしまうかどうかで、不登校になったりならなかったりします。

意外に、性格や気性などといったものも、実は睡眠力で左右されるのではないか、最近そういうことを感じます。

昔の人の言葉「寝る子は育つ」。こんなにも重い意味があるとは思いませんでした。

人生すべての基本「早寝・早起き・朝ごはん」

前項で、睡眠の大切さをお話ししましたが、もう少し補足します。

学力低下の最大の理由は、社会の夜型化にともなう生活習慣の乱れによる脳の機能低下である。私は、そう考えてきました。そして、その実証として、「早寝・早起き・朝ごはん」に読み書き計算による脳のトレーニングを加えることで、短期間での驚異的な学力向上を実現してきました。

しかし、その実践が進む中で、私がさらに確信を深めたのは、「早寝・早起き・朝ごはん」は、学力のみならず、人生の基本だということです。

どういうことでしょうか。

「早寝・早起き・朝ごはん」の生活習慣が定着してくると、体も元気になり、体力がつく他、気分までよくなってきます。

そして、もう一つわかってきたことは、睡眠に深い浅いがあるように、人によってしっかり眠り、心と体をゆっくり休められる人と、疲れを引きずる人とに分かれるということです。

そして、それが精神力の強さに関係し、困難を克服する力にもつながってくるのです。これは、人間としてどのようなことを達成するかということにもかかわってきますし、どんな気分で過ごすかにもかかわってきます。

実はこうした生活習慣を重視することによって、困難を克服し、自分の夢を達成する能力が向上し、ひいては人生そのものの内容や、その気分にまで決定的な影響を与えるのではないかと思うのです。

睡眠には、私はかなり個人差があるように思います。しっかり眠ることは、何をどう食べるかということ（＝朝ごはん）とつながり、ひいては人生そのものを決するように思うのです。

勉強ができない最大の理由は丁寧な指導!?

自分は勉強ができない、そう思い込むこと自体が頭の働きを落とすことにつながります。これは子どもだけではありませんが、苦手意識を持った瞬間に、苦手になるのです。なので、苦手意識を忘れさせる手法をとることが大事です。

実際に私が行っていたことですが、教室に入った瞬間に「はい、何ページ!　はい、何番!」と間髪を容れずに授業を始めていました。これにより、子どもは自分がこの学科が苦手ということを思い出すこともなく、問題に取りかかり、あっさりできたりします。もう少し工夫するなら、あえて簡単な問題にしておいて、子どもに自信をつけさせてもいいでしょう。

あるとき、百ます計算など、私のメソッドを取り入れていたある学校で算数の授業をして欲しいという依頼があり出かけたのですが、列車の事故でその学校に到着するのが遅くなり、到着後、すぐに授業ということになってしまいました。

到着し、算数の教科書を持って教室へ行こうとした瞬間、「先生、今日お願いしたいのは国語の授業なんです」と言われたのです。もうびっくりです。

私は漢字指導をすることにしましたが、時間も少なく、「はい、この漢字はこう書くよ、この漢字はこう……」と、本来指導する3倍速で指導をし、教えた漢字のテストをすぐにしました。するとほとんどの子が教えた漢字をしっかり書けていたのです。

授業を終え、校長室に行き、「先生、あのクラスの子たちは優秀ですね。みんな漢字テスト満点でしたよ！」と伝えたところ、校長先生は驚いた顔で、「先生、いったいどんな魔法を？　あの子たちは漢字をなかなか覚えられない子たちなんですよ」と。

私もびっくりしましたが、ここでのポイントはやはり「苦手意識を持たせる時間を作らなかったこと」でしょう。

私の理論でいうと、ゆっくり丁寧な指導は最悪です。なぜなら、ゆっくり＝集中できない、丁寧＝受け身にするから。教えたら、その日の宿題にして、翌日テスト、ではなく、教えたらすぐにテスト！

これは家庭学習でも同じです。ぜひご家庭でも取り入れてみてください。

子どもを「かわいそうに」と言うと、子どもはひ弱になる

外遊びは、人間の脳と体全体の神経を発達させるために非常に大切なことです。安全・安心を徹底すると、子どもが安全・安心に暮らせなくなることにつながります。けがをさせないようにと気を配りすぎて過保護に育てると、転んだときに手が出なくて顔からつっこんで大けがをしたりします。

ぞうきんがけをしていて、手をひねっただけで骨折してしまう子どもも増えています。安全に安全にと思うほど子どもの骨折が増えるんです。

親は子どもがどろんこになって帰ってきたらそれを喜ぶことです。子どもは体の成長にいいことを喜ぶから、どろんこになる。それを嫌がる子どもは、具合が悪いのかもしれないのです。また、ちょっとけがをすると、「どうしたの、かわいそうに」と言う。そう言われた瞬間から、子どもは自分がかわいそうだと思いこみます。親は簡単にうろたえないことです。

子どもは伸びるために、叱られることを待っている

ある中学校で講演する機会がありました。少し前まで荒れていた学校ですが、やっと落ちついてきた。そこでもうワンステップ上げるために私が呼ばれたのです。

「学力は1年で伸びる」というテーマでしたが、相手は中学生ということもあり、直球勝負でいこうと決めました。

「昨日は何時に寝たか」と問いかけると、深夜1時、2時と答える子どももいます。

それを聞いた私は、こう答えました。

「きみたちに未来はありません」

「昨日は何時間テレビを見ましたか？　5時間？　これは脳が死んでいるね」

冗談めかしてはいますが、こう指摘すると子どもたちは大喜び。そのあとで、伸びている子どもはどんなことをしているかを話しました。

講演を終えると、驚いたことに拍手が鳴りやまないんです。どうやって切り上げようか迷うくらい嬉しい誤算でした。

子どもたちはバカではないから、こんな生活をしていたらだめだとわかっているのです。だから「きみたちに未来はありません」とはっきり言われても、「やっぱりそうか」と納得するのです。

大人は子どもの悪いところを、わかりやすく、切れ味よく、スパッと叱ってやることが大切なのです。子どもたちは叱られたがっています。きちんと叱らないことはかえって子どもを傷つけていると言えます。

また、「もし本当に伸びるんだったら、きみたちは小学校からやり直すか?」と聞いたら7、8割の子が「やりたい」と手を挙げました。

子どもは基本的にはがんばりたがっています。だから「がんばれ」と声をかけるのは余計なお世話です。

重要なのは、何をどうがんばったら、どうなるのかを具体的に示すことです。

きちんと叱り、そのあとで具体的な方向性を示す。これが叱る極意です。

子どもの様子をよく見て、特に問題がなければズバッと短く叱るのがいいのです。

できない子どもに対して、ぼくは思うのです。「傷つけ！」

100やるのなら、何がなんでも100やらせないといけません。そうすると子どもは伸びます。簡単にほめてはいけません。しかしおそらく2回に1回はできない。そうすると子どもが落ちこむ。そのときは、ともに落ちこんで傷つけばいいんです。

今の親はそれを怖れている。これは実は自分が傷つくことを怖れているんです。子どもと一緒に傷つき、そこから一緒に這い上がればいいんですよ。覚悟の問題です。

だから私は傷ついていいと思っていました。できていない自分と正面から向き合わないと、人は向上しようという強い意思が出てきません。しかし、それは激しく傷つくことを意味します。だから、「傷つけ」と思ったのです。涙目になりながら一生懸命やっている子どもの様子は愛おしいものです。こちらも全力で指導する気になります。

傷つけと思うことは、自らが指導者としての責任から逃げないということです。苦楽をともにするといいます。楽だけ共有しても、人はつながり合えないのです。

できないことが重要です

基礎的な学習がある程度できるようになって、自信がついてくれば、次に必要なのはむしろ壁に突き当たることです。

がんばればできるけれど、簡単にはできない問題をやるのがいちばんいいのです。できない部分がわかるということが次の一歩になります。

無理に自力で解かなくても、正しい答えを教えて同じ問題をもう1回やらせればよいでしょう。

1回できなかった。もう1回やったらできるようになった。これが克服体験です。間違えることこそスタートラインに立つことなのです。そこからが勉強なんです。

できる問題ばかりやっていると、力はつきません。できないことこそ重要です。できないことが努力してできるようになる体験をさせる、それは絶好のチャンスです。その体験が、またそのあとの困難を克服する土台となるのです。

すっとできるのは、むしろだめだくらいに思っていたほうがいいのです。

親には、子どもが間違え、つまずき、苦しんでいるときに、端で見ていて楽しんでいるくらいの余裕が欲しいものです。

それなのに、つまずかないような安易なことをさせたがる。それでは子どもは伸びません。

親は子どもにどんどん期待していい

前述の山口県山陽小野田市が行った調査の結果、学力向上のための要因ベスト3は、①睡眠 ②2~3時間の家庭学習 ③月に10冊程度の読書なのに対して、学力低下の要因ワースト3は、①朝ごはんを食べない ②勉強が大切だと思わない ③テレビを5時間以上見るでした。つまり、成績を上げたかったら寝させなさい。悪くしたければ朝ごはんを抜きなさいということです。

ワースト3で面白いのは、「勉強が大切だと思わない」です。これは親の意識ですね。親の考え方が子どもの学力にまで影響を与えるということです。私が教えた子の中でも、もともとの才能以上に能力を高めた子と、伸び悩んだ子がいます。それが分かれた最大の要因は、親の意識です。子どもは親が期待してこそ伸びるのです。

ただ、子どものことをよく知り、それにふさわしく期待することが大切なのです。

不登校の原因の一つは睡眠力の低下

子どもが「学校に行きたくない」と言い出したら……。

親は「行きなさい」とか「行かなくていいよ」と言う前に、生活習慣をチェックすることです。

子どもの慢性疲労症候群に詳しい熊本大学名誉教授の三池輝久先生によると、不登校の多くは、不適正な睡眠から生命力がなくなって、ついには自発的に起きることができなくなったことが原因だということです。

不登校についてはいろいろな事例があるので、断定的に言うのは危険ですが、私は不適正な睡眠が問題ということには同意します。

現代の子どもたちは英語やプログラミング、ダンスなど学ぶことが多い！　子どもといえども、日常からいろいろな精神的な負担があることはまちがいありません。睡眠が不適正なために、その疲労が取れるのではなく、蓄積していってしまうのです。

睡眠は、自然に習得される生活習慣ではありません。

乳幼児のころから、夜には寝させるようにしないと、夜に眠るということが身につきません。だからこそ、その重要性に気がついていた人たちは子守歌という教育文化を生み出し、寝かしつけていたのです。

しかし、今は大人自身がとんでもない夜型生活になっているので、その重要性が理解されず、睡眠のリズムが確かなものにならないのです。そのため、寝ていても疲れが取れません。寝ても疲れが取れない子どもたちは、ついには起き出すことができなくなるのです。


まず小学生低学年なら夜9時前には寝る。朝は7時には起きる。そうして生活のリズムを整えると多くの問題は改善できます。

しかし現代社会は、親につられて子どもも小さいうちから夜更かしのくせがついています。不眠などの症状が出たときには重症です。これを改善するためには数年かかるでしょう。

なんとか学校に行けるようになっても、本質が変わっていなかったら結局は同じことです。社会に出ても強いストレスを受けると会社に行けなくなってしまいます。不登校の多くは病理として考える必要があります。

今の子どもはほとんどが夜更かしですから、みんな不登校予備軍と考えてもいいでしょう。

子どもが大人になっても社会生活がきちんと送れるよう、何としても生活習慣を改善しなければいけない。私はそれを強く思います。

読書・手伝い・外遊び

基本的な生活習慣を身につけられたら、次の合い言葉は「読書・手伝い・外遊び」です。この3つは、脳が喜ぶ基本作業と言ってもいいでしょう。

勉強はつきつめると言語活動です。国語はもちろんですが、算数の文章題や理科、社会の問題も文章の内容を理解しないと解けません。また、自分の考えをきちんと人に伝えるときにも言葉を使います。

たくさん言葉を持っている子どもは表現力も豊かです。その子どもの持っている言葉の数で、精神面の活動も違ってくるのです。

ところが、日常生活で使う言葉の数は非常に少ないものです。話したり聞いたりしているだけでは、なかなか語彙(ごい)を増やすことはできません。その語彙を増やすのに役立つのが読書なのです。

家の手伝いをするためには、「何のためにするのか」という目的を考え、「どうやってするのか」という手順を頭の中で組み立てます。これは、論理的な思考を養うことを助けます。

また、細かい作業をすることで手先が器用になり、毎日続けることで根気と責任感が養われます。自分の仕事を与えられると、遊びたくても我慢して手伝いをしなければなりません。この何かを我慢することも、今の子どもの生活に欠けているものです。

人間の脳もコンピュータと同じです。たくさん情報をインプットして、センサーを働かせることで、能力が高まっていきます。センサーは働かせれば働かせるほど精度が高くなります。この力は、外遊びで体を動かし、五感を育てることで身につきます。五感が発達してくると、読書と同じように、イメージ力が育ち、表現力が増すのです。さらに体を動かすことで反射神経も育ちます。

反射神経はゴールデンエイジといわれる5～12歳ごろまでに育つと言われています。反射神経がいい子どもは、けがをしにくくなり、体も柔らかくなります。

このように「読書・手伝い・外遊び」は、子どもの持っている能力を十分に引き出す特効薬なのです。

言葉で説明できなければ、わかったとはいえない

人間の思考は言語で構成されています。考えるということは言語化するということです。

ですから私は、算数の文章題も言葉で解く、説明するという点に重点を置いてきました。まず問題を繰り返し音読して理解する。文章題が解けないというとき、問題の問われている内容がわかっていないことが多々あるからです。

「ネコが3匹いました。そこに2匹来ました。そのあと1匹いなくなりました。今、何匹いますか」という問題があったとします。

子どもが3＋2＝5、と言ったときに「その5ってなんなの？」と聞いてみる。「これは全部いたときの数」と答えられれば問題がわかっているということです。

また、「まんじゅう2個が乗った皿が3枚」というときに、2×3はできても、その答えの単位が個なのか皿なのかわかっていないといけない。かけ算の文章題から思考力が問われてくるのです。

それが説明できるか。そのやりとりをするためには言葉を知らないとできない。その言葉は設問にある言葉を応用すればいい。だから、文章題を音読して覚えることは、説明のための言語を増やすことにもつながります。

言葉で理解する、説明するということは、算数だけに必要なことではありません。

たとえば、自分の気持ちも言葉で説明できると安心できます。

なんとなくモヤモヤしていたり、イライラしているときにも、「さっき友だちとけんかしたから、今、自分は悲しい気持ちになっている」とか「宿題を忘れてしまったので、次の算数の時間を不安に感じている」と分析できれば、余計な不安感を抱かずにすみます。

言葉で説明することは、あるものを客体化することです。自分の気持ちも客観視することで、本質がはっきり見えてくるのです。

ですから、常にものごとを言葉で説明するというくせをつけることが重要なのです。

ウソでもいい。日記は毎日書く！

最近は自分で考える能力が低下していると言われます。でも、どうすれば考えられるのか。それは書くということによって可能になります。考えなければ言葉は出てきません。毎日書くことができれば、それはすごい力となります。そうなると、毎日書く日記がいちばんいいのです。でも、これが難しい。子どもは言います。「書くことない」。

だから、まず書く量を少なくするといいでしょう。最初は、3行だけでもいい。私は、10行を目標に書くように指導しました。その程度でいいのです。

最初はその日にあったことを順に書くだけでいいのです。そして、だんだん自分の考えを表現することに力を入れていきます。大切なのは、書き慣れることです。

けれど、それでも毎日日記を書くというのは子どもにとって苦痛の種。途中で投げ出してしまうことも多いでしょう。そんなときどうするか。

書くことがないなら、フィクションを書いてもかまいません。むしろそのほうが、文章力の練習になります。

「お父さん、書くことないよ」

「それなら、ウソを書いてみなさい。そのかわり親がだまされるくらい上手なウソじゃないといけないよ」と言ってみましょう。

毎日ウソだとすぐにばれますから、3日に1度くらい本当のことの中にまぎれこませるのです。たとえば、ある日のよしお君の日記。

「○月×日。きょう、あやしい人がいたので、ついせきした。3丁目のあき家に入っていったので、まどからのぞいてみると、大きなきかいをつくっていた。そのとき、のぞいているのが見つかった。でも、その人はわらいながら、『入ってきていいよ』といったので、家に入ってきかいを見せてもらった」

「おい、よしお。知らない人についていったらだめじゃないか」

「それはウソだピョン」

この日記、実は小説になっているのです。こんな日記が書ければ、書く子どもも読む親も楽しめます。

片づけの習慣が頭をよくする

整理整頓は、何かを始めるときにすっとできるようにするためのものです。これは時間の使い方とも関係します。何か始めようとしたときに、あれこれ探していたのでは、作業に入るまでに集中力が切れてしまいます。すぐに取りかかることができれば、集中してできるのです。まして学校のチーム作業だったりすると、ほかの子どもたちの迷惑ともなり、けんかのもとにもなります。

整理整頓が苦手な子どもは、人より早く準備を始めるなどの指導が大切です。家庭では、毎日整理の時間を作りましょう。「9時になったらもう寝るよ。その前に5分間だけ片づけの時間ね」という習慣をつけるのです。頭のよい子は片づけ上手です。片づけ上手というのは、何をどこに置けばいいのか、どこに置いたのかがイメージできているということなのです。ただ、整理整頓は作業のためのもの。きれいな状態を作るものではありません。何かしているときには、散らかっていてもいいのです。

教育成功の鍵は我慢

小学校になってから伸びる子どもは、丁寧に我慢強く一つのことがきっちりできる子どもです。そのためには手伝い、なかでも掃除が効果を発揮します。

掃除がきちんとできることは小学校に入学してから評価されます。学校で子どもがなぜがんばれるかというと、先生に評価されるからです。手伝いで学ぶことは、我慢して○○するという姿勢です。近ごろの子どもは我慢ができないからだめなのです。

私が子どもに傷つけと言うのも、傷つくということが我慢することだからです。傷つくことは自分のある部分が否定されて気持ち悪い状態を長く続けること、つまり我慢です。遊びたいのを我慢して、テレビを見たいのを我慢して手伝いをする。そこで、やらなければならないことを自覚することができます。

我慢させるのは親にとって面倒臭いことです。子どもが嫌だと言ってもねばり強くやらせなければいけない。それができない場合、我慢できないのは親なのです。

自立の指導とは学校を休ませないこと

子どもが学校に行かないと言うと、「行かなくていいよ」と言う親が増えています。その裏には、無理をさせたらかわいそう、「がんばれ」と言ってはいけない、という風潮があるようです。

学校に行けないのは理由があるのです。その対策として生活習慣を見直すということを前に述べました。

親はそうした対策を講じるべきであって、「基本的に学校は行くものだ」という認識は持ち続けて欲しいと思います。

学校は社会に出るのに基本的な知識を得るところです。そして知識を得られるだけでなく、友だちや先生と交わりながら人間関係の構築の仕方やコミュニケーションの方法も学ぶことができます。

そこに行かないというのなら、どこでその知識を得ればいいのかということです。

家庭で身につけるのか、そうでなければそれなしに社会に出ていくのか。答えは明らかでしょう。

就職が超氷河期と言われた時代、ある高校の就職実績はずば抜けていました。そこではどういう指導をしていたのか。

何と、学校は休まない。あいさつをしっかりする。これだけだったそうです。休まないということはそれほど重要な指導なのです。

どうしても学校に行けないということもあるでしょう。しかしその場合でも、コミュニケーション能力を磨ける方法を考えてもらいたいと思います。

困った子は必ずウソで逃げようとする

ウソをつかせないというのが、学級経営上いちばん大切なことです。

教師の指導力とは、つきつめれば子どものウソを見抜くこと。でも子どものウソはすごいですよ。子どもは天使だなんて言いますが違うんです。子どもの最大の武器はウソをつくことです。

「約束を覚えているな。ウソをつくなだよな。ウソをついてたらただじゃすまないぞ。もういちど聞く。本当だな」と言うと、「実は」と出てくる。

それでもその上にウソを重ねていて、うっかりだまされることがあります。

子どもをしっかり教育するためには、早い段階でウソはつき通せないということを教えてあげないといけないのです。

しかし、子どももウソしか逃げる手がないわけだから、意固地になりますし、いちど否定してしまうとなかなか本当のことが言えなくなります。

また、最近多いのは、親に言って学校にねじ込んで、そのウソを守ろうとする子です。こういう子の親ほど、子どもはウソをつかないものだと思い込んでいます。だいたい、自分の子どものころを思い出せばそんなはずはないのに、そういう冷静さはないのです。

そこで、お母さんがどう言っても関係ないぞ、と親の権威を先に否定しておいてそこから徹底的に聞きます。まるで刑事ですよ。しかし、これを一度やっておくと、もうウソは言わなくなりますから、あとは楽になるのです。

一方、アメも用意しておきます。約束を守ったら叱らない。本当のことを言えば叱らないと伝える。そしてそのうえで、謝り方も教えます。

最近の子は、謝り方を知らない。仲直りするはずが余計な言い訳をして、蒸し返しになってしまうこともあります。ですので同時に謝り方も教えてやるのです。

「いいか。悪いと思ったらひたすら謝るんだ。言い訳は一切するな」

そうやってようやく本当のことを言わせることができるんです。

なぜ、これほどまでにするのか。なぜなら小学校3、4年で何かやってうまく逃げおおせた子どもは、中学校に行ってまたやるのです。それも何倍も大きなことをです。

将来のことを考えれば、悪の芽は小さいうちに摘みとらなければなりません。中途半端に許してしまったら、子どもは味をしめます。

私は、年度の初めに時間を設けてそのことを徹底しておきました。そのくらいやって初めて、教室からウソがなくなるのです。

子どもはウソをつくものですから、聞き流すウソがあってもいいと思います。でも、親はウソを認めつつ、その後の決着、落とし所をイメージして、子どもと向き合うべきです。そしてその際、決して感情的にならないでください。

感情でねじ伏せようとしても反発するだけです。

どんなときも子どもとのコミュニケーションは大事にして、子どもがついたウソを冷静に捉え、ウソそのものを上手に否定するようにしましょう。

山奥に住む子には体力がない

子ども時代の運動量で、その後の体力に大きな影響が出てきます。だから、子どもと外出したときに歩くようにするのか、車に乗るのかでさえ、大きな違いが生まれます。意外かもしれませんが、山間部の小学校の先生の悩みは、山奥の子どもたちの体力不足です。いつも車に乗る生活をしているんです。過疎になって、隣の家まで1キロメートルも離れていたりするので、友達と遊ぶにもすぐ親が車に乗せて連れていってしまうのです。山奥の子どもほど体力がなくて甘えんぼ、山奥の子どもほど肥満児が多いという傾向もあるのです。このように親が甘やかすと子どもに体力がなくなります。電車の中で子どもを座らせて立っている親がいますが、立たせるべきは子どもです。そして、高齢者に席を譲るくらいのことを教えるべきなのです。

最近では、車を使いづらい都会の子どものほうが、地下鉄に乗ったり、歩道橋を上り下りしたりしているため、体力がある。皮肉なことです。

まとめのテスト結果が悪い理由は忘れているから

2007年より小・中学校の最高学年を対象として、子どもたちの学力状況を把握するために行われるようになった、「全国学力・学習状況調査」。

このような大がかりなテストでなくても、単元テストはいいのに、こうしたまとめのテストの結果が悪い、というのはよくあることです。では、なぜそうなるのでしょう。

実は答えは簡単。忘れているのです。記憶が安定していれば忘れることはありません。

多くの親御さんは基礎ができたらすぐに応用へと進めようとしますが、それはまちがいです。基礎には低いレベルの基礎と高いレベルの基礎があります。

たとえば、7×8は？　と聞いて、すぐに56！　と答える子もいれば、少し考えて、56？　と答える子もいます。

大事なことは瞬間的に思い出せるレベルにまで徹底的に学習を進め、盤石な基礎学力をつけることです。すぐに思い出せる力は思考力へとつながります。

軟弱な基礎の上に建物を建てようとするのではなく、まずは盤石な基礎を築きましょう。そうすると自然に応用できるようになっていきます。

そしてもう一つ大事なことをお伝えします。

それは、勉強時間を増やしすぎないこと！　子どもが長く勉強していると安心するかもしれませんが、大事なのは時間ではなく質。私が教室に入った瞬間に授業を始めると、生徒はつい集中してしまいます（笑）。

しかしこの集中というのはすごいパワーがあります。要はこのような集中が必要なのです。そのためには長い勉強時間は逆効果なのです。


コロナ禍による子どもの学力低下が心配されましたが、実はその逆でした。自宅に引きこもることで与えられた課題をしっかりとこなせたこと、また親も在宅勤務などで自宅で過ごすことが多く、子どもとしっかり向き合えたことが要因だと思います。

学校のカリキュラムによらず、基礎学力を高める。家庭でできることはまだまだたくさんあるのです。

自由には2種類ある

実は、自由には2種類あります。「○○からの自由」と「○○する自由」です。

子どもが欲しているのは、「○○からの自由」です。

親から口うるさく言われたくない。先生から小言を言われたくない。それで、親や先生に反抗したりします。

ところが教育される立場が終わって社会に出てみると、「○○からの自由」はなくなります。そのときに必要となるのは、「○○する自由」です。

仕事を辞める自由、新しく企業を立ち上げる自由、お金を儲ける自由などなど、それはその人の生き方を左右する自由です。

そのときにその自由を確保するのは、その人の能力や経験であったり、それまでの仕事や業績であったり、社会的な地位であったりします。それは社会に受け入れられるための信用を裏づけるものと言ってもいいでしょう。

ですから「〇〇する自由」を確保するためには、教育される立場の間は親や先生の言うことをしっかり聞いて、社会的に必要な力を確保する努力が必要になってくるわけです。

今、自由を束縛されることは、大人になってから自由を広げることにつながっているのです。

気をつけないといけないのは、子どもたちはそのことに気がつかず、イメージでしか考えないことです。そのために、自由の反対は不自由だと考えています。

しかし現実に存在するのは、よくなる自由と悪くなる自由です。そしてそのときに選んだ自由から起きる事実は、すべて自分に返ってきます。

自由という言葉は非常に耳あたりのよい言葉ですが、不自由が自由の土台となる事実をしっかり教えることが、大人の責任だろうと思うのです。

高学年こそ低学力の克服が可能

よく常識として、高学年になると、できないことが多くなりすぎて、低学力の克服は不可能と言われます。しかし、そのことに真っ向から反対されたのが、私の師匠である、岸本裕史先生でした。

「高学年になれば脳は成長している。1年生まで戻って指導したらいい。6年生の頭で1年生のことをやるのだから、十分できる。そしてだんだん学年を上げていけばつまずいている段階が見える。そこからが本番の指導だ」

高学年での学力向上が難しいいちばんの理由は、苦手意識がこびりついているから。自分はできないという思い込みによって、脳が働かなくなっているからなのです。

でも低学年まで戻ってあげれば思い出す能力がついてきます。

ただし、6年生の子に5年生のものをというのは最悪です。5年生の学習というとそれなりに難しくなっていますし、一つ前の学年に戻るというのは子どものプライドも傷つきます。

　ですので、1年生のものまで戻すのです。1年生のものをさせればさっと解けるでしょう。そこがポイントなのです。さっと解けることの繰り返しで学力は徐々に上がってきます。

　実際、5年生で担任した低学力の子に、何とか100点をとらせて、自信をつけさせたいと思ったことがありました。

　5年生で百ます計算に5分ほどかかっていたので、1年生のレベルの十ます計算まで戻し、繰り返し学習させました。

　その子は百ます計算ができるようになるまでに1カ月を要しましたが、その後、1年分の漢字をたった10日で覚え、百割計算という少し難しいドリルがあるのですが、それは1カ月でできるようになりました。その子はそれ以降、算数のテストは90点以下を取らないようになりました。私にとって忘れられない思い出です。

　これは家庭学習でも同じです。むしろ家庭でのほうがうまくいくかもしれません。ビリからトップクラスへいくことも決して難しいことではないのです。

第3章

家庭

～家庭も経営する時代です

1週間に最低1回は、夫婦で子どもの教育について語り合うべし

お母さん方からよく受ける質問があります。それは、「ついイライラして、子どもを叱ってばかりいるのですが、どうしたらいいでしょう?」というものです。

お母さんがイライラしてしまう理由は、2つあります。

一つは、子どもが自分の思うとおりに勉強しなかったり、子どもが反抗的で親の言うことを聞かなかったりするいらだちで、もう一つはつい子どもを叱ってしまう自分へのいらだちです。

そんなときには、子どもとじっくり向き合う時間を取りましょう。

子どものしつけや教育とは、子どもの様子を見ながら、子どもに合った方向性を与えるものです。

子どもとの触れ合いが不十分なまま、言葉だけで子どもを動かそうとするから、子どもは反発するのです。反対に、子どもから見ると、お母さんはいつもイライラして、生きることを楽しんでいない。それが親に対する不満となって、勉強に集中することができないのです。

さらに、悩みをひとりで抱えこまないようにしましょう。

そのためにはお父さんと悩みを分かち合うことです。最低でも週に1回、1時間半から2時間は夫婦一緒に、子育てについて話し合う時間を持つべきです。

悩みがあっても、「この問題はお父さんと話し合おう」と考えただけで、お母さんの気持ちもずいぶん落ちついてきます。

夫婦で話し合うといっても、お互いに教育方針が違うこともあるでしょう。意見が対立することもあります。

夫婦といえども合意するのには時間がかかります。けれど、「子どもを伸ばすために」ということを前提にすれば、かならず意見の一致するところが見つかります。それが夫婦のいいところなのです。しっかり時間をかけることが大切です。

夫婦げんかを子どもに見せてもいいじゃないですか

夫婦で意見を合わせようとすると、ものすごく時間がかかります。ですからとことん話し合って欲しいのです。一致点を見出して、我慢するところは我慢して、粘り強く話し合ってください。

意見の違いで夫婦が衝突するのもまったくかまいません。夫婦げんかを子どもに見せると教育上よくないと心配する人もいますが、いいじゃないですか。

子どもは子どもなりに、夫婦でも難しいもんだなとわかる。これだけけんかしても別れない夫婦は立派だと（笑）。我慢して突然離婚を迎えるよりいいでしょう。

親が話し合う姿を見せたほうがいいとか、見せないほうがいいじゃなく、自然体でいきましょう。

とにかく、腹の底にこの家族を守るんだという覚悟さえあればいいんです。子どもに危害を加えるなど、親の規範を超えなければ、あとは夫婦の数だけパターンがあります。

人と人は理解し合えるというけれど、理解し合えないことだって多い。それでいいんです。そういうこともすべて、子どもの学びになります。

たっぷり時間をかけて話し合いましょう。

家庭も経営する時代です

子どもをどういうふうに教育したいのか、子どもにどう育って欲しいのか、夫婦二人で話すことの重要性を前項でお話ししましたが、それができたら、いちど子どもを交えて話すことをお勧めしています。それもきちんとテーマを決めて話して欲しいのです。

「ちょっとここに来て座りなさい。これから○○について話をします」とはっきり伝えたうえで、話して欲しいのです。

昔みたいに放っておいても親の威厳が子どもに通用する時代ならいいのですが、今はそういう時代ではありません。

親はあなたの面倒をみているんだから、あなたには親の意見を聞く義務があると伝えるのです。

これは親子で決めたことに従うということをきちんと納得させるためにも、やっておかないとなりません。

改まった雰囲気で、時には会議と思えるほどきっちりやるといいと思います。会議の形式には、人に役割を意識させる働きがあるからです。

さらに、昔は子どもが得る情報を親が管理できました。ところが今やスマホやSNSが発達してきて、子どもが得る情報を親がコントロールできなくなってきています。親がきちんと意見を伝えておかないと、子どもは、他から得たいい加減で問題の多い不確かな情報で行動するようになってしまいます。

現代は家庭も経営する時代。家庭会議で家族の方向を決めましょう。

勉強するかどうかは環境次第!?

今、親の望む学校や塾は、いたれりつくせりで指導してくれるところです。でも、それは本当に望ましいことでしょうか。

東大は、親の年収が400万円以下の場合、授業料が全額免除になります（2025年度から600万円以下に）。大学はそういう家庭の子どもに来て欲しいのです。充分な環境が整っていなくても入学試験を突破してくる子どもというのは、ガッツがあるからです。

逆に学校や塾でいたれりつくせりで勉強してきた子どもは、いたれりつくせりじゃないと勉強しなくなってしまいがちです。そのあたりを各家庭はわかっているかどうか。中高一貫の有名私立に入れて、それでよしとしている家庭は結構あるでしょうが、グローバリズムの時代に内容のともなわない学歴など役には立ちません。

どういう人間に育つべきか、その確かなイメージを持っていて欲しいのです。

「知を楽しむ」が家庭教育のテーマです

これまで小学校の授業から抜け落ちていた地理や地学の分野が、カリキュラムにたくさん入るようになりました。

私は地理や地学は暗記科目ではなく、教養だと思っています。ただ、学校では、都道府県の位置や名前は教えても、その県がどういう県なのかまでは教えていません。

日本地理、世界地理はぜひ家庭で教養として身につけさせて欲しいと思っています。その中で、まずは国境について学習すべきだと思っています。

日本はほかの各国と違い、海に囲まれており、国境の認識は薄いと思いますが、世界で問題になっている多くは国境問題です。そして、世界ではこのあたりの知識もしっかりと学習させます。とすると、日本で国境問題についてしっかり教えないというのはどうかと思うわけです。

日本の国境はどうなっていて、どんな国と問題になっているのか、そして、今は悲しいことに世界ではさまざまな紛争が起きていますが、そのようなニュースを介して地理・地学の話をすることもいいと思います。

それこそ生きた教養として、子どもの力になるはずです。

これからの国際化時代、教科書だけでの知識では完全に足りません。その学習を兼ねて家族旅行をしましょう。

家族での社会科見学です。夏休みや冬休みの長期休暇を利用するのもよし、週末に近場に出かけるのもよし、機会はたくさんあるはずです。

地理の勉強に行くのですから、定番の遊園地などの提供された楽しみではなく、自然の中で発見ができる旅にするといいですね。

そのためには、国立公園に行くことをお勧めします。国立公園は手つかずの自然が残されていて、景色の美しい場所が選ばれているからです。美しい景色を家族で一緒に見る体験は、何ものにもかえ難い思い出となるでしょう。

しかし、ただ見てそれでおしまいではもったいないです。体験をそのままにせず、学習へつなげ、子どもの知力を高めるのです。

山、川、火山がどこにあるのか、どうやってできたのかなどを実際に見て考えるきっかけにしましょう。子どもに質問されたら答えられるように、親も勉強しておかなければなりません。

旅行に出かける前に、家族みんなで下調べをします。地図を見たり、パソコンで現地の航空写真を検索したりすると親も楽しめます。

今は検索すれば情報は簡単に集められます。どの県に行くのか、その県庁所在地はどこか。特産品は何があるのか調べてお土産に買うのもよいでしょう。天気図を見て現地の天候を予測するのも面白いものです。

学校のテストには出ないかもしれませんが、こうした体験が将来、人生の潤いになるのです。それを子どもに教えられるのは、やはり家庭です。なんといっても「知を楽しむ」ということは、家庭教育のテーマですから。

自然の中に出ていくことは危険もともないます。旅をすれば予期せぬトラブルも起こりますが、そうしたトラブルを乗り越えるのもいい経験になります。

もちろんその危機管理は親の責任です。危険にならない程度のトラブルは大歓迎と心得てください。

夏休み明けは、非行に走りやすく、不登校が増える

子どもにとって楽しい夏休みですが、実は生活のリズムや学習習慣が乱れる最大の原因でもあります。小学校高学年になると、夏休みに非行に走り、9月になってそのことが問題になる場合が多くあります。このような生活の乱れを招かないためには、「授業があるときと同じように過ごす」ことを心がけてください。

朝は早く起き、午前中は勉強をして、お昼ごはんを食べて、午後、日差しが弱まるころに友だちと遊ぶ。これが夏休みの理想的な生活です。

家庭で行う学習内容ですが、7月中に1学期の復習をしましょう。4月から学習して覚えた内容を、記憶が新しいうちに脳に染みこませるのです。8月に入ると忘れてしまいます。そうなると取りもどすのに時間がかかり、子どもが苦労することになります。お盆の時期は、だれでも多かれ少なかれ中だるみします。このときに、自由研究や工作、絵を描くなど、机に向かわなくてもよい宿題をすませましょう。

お盆を積極的に利用する

8月15日前後、旧盆以降の過ごし方が2学期の学習に大きく影響します。

この時期は家族で故郷に帰省したり、親戚が来たりして、夜遅くまで起きていることが多いものです。そのため、ほとんどの子どもの生活習慣が崩れて、遅寝、遅起き、無勉強になります。

ここから2週間をきちんと過ごすことができるかどうかで、9月に入ってからの学習に大きな差が出ます。逆に言うと、ここを乗りきれば大丈夫です。

そこで、お盆を積極的に利用しましょう。

関東地方などではお盆は7月15日前後のところもありますが、故郷に帰省するのは旧盆のころが多いでしょう。故郷に帰ってお墓参りのときに、そこに眠っている先祖のことを話すのです。

「ひいおじいちゃんは、貧しい中、必死に勉強して校長先生になったんだよ」

「お母さんのおじいちゃんは、空襲で財産をすべて失ってしまったんだよ」

帰省しない家庭や、故郷が遠くにない家庭なら、終戦記念日にかこつけてそのころの祖父母の話をしてもいいでしょう。

自分のルーツや祖先の話を聞くことで、子どもは自分に祖先の命が引き継がれていることを知り、自分自身を確認することができます。そして生きることに対して勇気づけられます。その勇気は学習に対する意欲となって湧いてきます。

毎年同じ話でもいいのです。大切な話は何度してもいいし、お盆とはそういう時期だとわかれば子どもも納得します。

また案外私たちは、おじいさんやひいおじいさんの生涯を知りません。今、子どもたちに伝えておけば、孫やひ孫にも伝わります。

そしてお盆が終わったら一日きちんと時間を取って、残っている宿題や家庭学習の再計画を作ります。子どもは学習への意欲が高まっているので、有意義な計画ができるはずです。

子どもの学力が伸びるのは冬休みです

小・中学生にとって、冬休みは成績が上がりやすい長期休暇です。

冬休みは案外、外出する機会が少ないのです。それに外で遊ぶといっても寒いですし、家庭学習か読書ぐらいしかすることがない（笑）。必然的に親と一緒にいる時間も長くなります。

私は、重要事項をピックアップしたプリントを作って宿題をいっぱい出しました。たとえば漢字。「まとめのテストを休み明けにやるからね。問題はこのプリントから出すよ」といって1年分の漢字を渡す。子どもたちは休みのあいだ、一生懸命勉強します。こうすれば、子どもたちは1年分の漢字が書けるようになります。

お正月だからとだれることもありますが、親子で話し合って計画的に利用すれば、冬休みほど効果が上がる時期はありません。

春休みは学力を高める大事な時期

春休みは本来、1年間が終了し、のどかに過ごしていい時期です。気温も上がり、気分も朗らかになり、古い教科書を捨てて新しい学年の準備をする、そういう時期でした。

この「でした」と過去の形にするのには理由があります。近年の指導要領の変更により、教科書は難しく量も増えました。そのため、4月の段階から学習は高度に進めていかなければいけなくなり、春休みは、新しい学年の学習の準備をすべき時期に変わりました。

もっと言うと、翌年の漢字学習を春休みから進めていき、おそくともゴールデンウィークの終わりまでには一通り学習し、できれば覚えておくのが望ましいのです。

また、算数においても百ます計算のような基礎計算力を上げ、そして新しい学年の算数について予習をしておくことが、スムーズに学習を進めるためにも必要になってきています。

私が作った教材の中に、「たったこれだけプリントシリーズ」（小学館）というものがあります。ここには4教科の学習のエッセンスが書かれており、これを読み、問題を解くことによって1年分の予習ができるようになっています。

春休みからゴールデンウィークの終わりまでに「たったこれだけプリント」を読み、書き、そして丸暗記してしまうまで繰り返していく。百ます計算のような基礎的な計算力の向上とそれぞれの学習のエッセンスを丸暗記することによって、子どもたちは新年度の学習を自立的に進めていくことができるようになります。

もしこの学習により1年分の学習を1年の前半に終えることができれば、秋以降、次の学年の学習を進めていくこと（追い越し学習）も可能になってくるのです。

学校や教師の指導に頼るのではなく、学習の基礎力を高め、各学習のポイントを押さえることにより、安定した学力を高めていくことが可能になるのです。こうした見通しを持ったとき、春休みというのは最も重要な休みにもなるのです。

家庭内の犯罪が多いのは、親子の絆が強くなりすぎているから

育ててくれた両親や祖父母を殺めたといった事件が増えています。こういったニュースを見た世間の人は家族関係が希薄になっているから、あのような事件が起きたと思っているでしょう。しかし資料を調べるとそうではないのです。逆なんです。内閣府の調査によると、今の日本人は地域や職場の関係が希薄になった分、親子関係が濃密になっている傾向が出ているのです。

そうなると、家庭内の犯罪の理由も、家族関係が希薄化したのではなく、親子関係が濃密すぎるからと考えられます。

家族でちょっとした齟齬があると、その気持ちを持っていく場所がなく、修羅場になるのではないでしょうか。

携帯電話のCMを見てもわかります。初期のころ、携帯は恋人同士のツールでした。だから、かっこいい男の子と女の子が出てきたでしょう。

最近は、親子のツールになっているから登場するのも家族です。ここにも今の家族間の絆の強さが垣間見えます。

しかし、人間関係が家族にしかない。これは問題です。家族関係が濃密化していく反面、社会との関係が希薄になってしまっているからです。

「他人に迷惑をかけないように子どもをしつけています」、と言う親が多くいます。これは、「だから他人からも迷惑をかけられたくない」という裏返しの欲求です。けれど社会で暮らすということは、迷惑をかけたりかけられたりするということ。他人に迷惑をかけない、こうした親の方針が、社会との関係を拒絶することにつながっているのです。

意外ですが、欧米は結構地域とのつながりを大切にしています。だから、今の日本の家族依存関係は欧米型というわけでもない。

横のつき合いがないというところから言うと、日本がいちばん個人主義です。このような現状を打開するために、どうすればいいのか。

結論から言うと、孤独を生まないためにも、家族以外のつき合いを日ごろから増やしていくことです。いきなり地域とつき合えと言っても大変ですから、地域でも家族でもない中間の存在、親戚を使うのがいいのではないかと思います。

まず自分や配偶者のきょうだいの家族と休日を過ごす。他人が生活の中に入ってくる面白さと煩わしさを体験することができます。親の友人たちと家族ぐるみで交際というのもいいですね。

家庭以外にも自分の「居場所」がある、そういう気持ちを持たせることが大事です。

教育とは貧乏に負けない人間に育てること

とんびが鷹を生むという言葉がある一方、カエルの子はカエルとも言います。

では、どちらが本当なのでしょう。

答えは簡単です。努力をすれば、とんびの子も、鷹になるのです。

私が小学校の教師だったころ、その学校の親に、世間で言われるところの高学歴な親は少数でした。

しかし、百ます計算の宿題がなかった日には、広告の裏に百ます計算を書いて子どもにやらせた保護者もおられました。大学を出ていないから、大学受験の仕方を教えて欲しいと親から言われたこともありました。

みなさん、わが子のために努力をされました。その結果、難関大学合格者が続出するようになり、これが、「山口小学校の奇跡」と言われたのです。

最近、教育の二極化と言って、貧しい家庭では学力が伸びなくて当たり前というようなことを簡単に言う教師がいます。社会学的に見れば、確かにその傾向はあるでしょう。

でも、私はそれを認めたくないのです。貧乏に負けない人間に育てることが教育であり、教師の務めではなかったのでしょうか。

問題は、生活が苦しい家庭が増えたこと。私は、そうした家庭にも希望を与えられるような働きを教師はすべきだと思います。

第4章

教育

～バカ正直はただのバカ、くそ真面目はただのくそ

教育は未来の設計図です

教育とは未来の設計図です。未来を考えて、今何をなすべきかを考える必要があります。

それなのに、今の日本は起きた問題を解決することに一生懸命になっています。しかも、国内ばかりに目を向けているため、教育は国内問題としかとらえられていません。

しかし、教育は未来と世界を見て、考えなければいけないのです。

これからは、世界の中で活躍できる人間とはどういう人間なのか、それを考えなければいけません。

まず、英語をはじめ外国語に精通し、日本や海外の風土や文化を知る必要があります。私は日本を出るつもりはないから関係ない。そういう人もいるでしょう。

しかし、クルド人が多数集まる市であったり、どんな田舎でも外国人が珍しくない時代です。

国際化というのは、日本の内部で進んでいくのです。そうしたことを考えて、日本の教育は設計されているでしょうか。教育関係者だけではありません。親をはじめ、みんなで考えるべき時代を迎えているのです。

バカ正直はただのバカ、くそ真面目はただのくそ

これは自戒をこめていつも自分に言い聞かせている言葉です。

教師はかなり真面目です。文部科学省が決めたこと、教育委員会の方針などは忠実に遵守しようとします。それはそれでいいのですが、ともすれば従うことが目的になってしまっています。けれど、ただ無批判に従っていてもいいものでしょうか。そこに自分の判断がなければ子どもの教育はできません。

おかしいと感じたことは、なぜおかしいのかを追求し、それを改善していく。その判断基準はただ一つ、「子どものためになるのか」ということです。

私は親にも、「自分の頭で考え判断して欲しい」と言い続けていますが、それは教師も、そして自分も同じです。自分が安易に無批判に、決められたことに流されていないか。それを確認するために常に自ら言い聞かせているのです。

「バカ正直はただのバカ、くそ真面目はただのくそ。結果よければそれでよし」と。

基礎・基本、それを教養と言う

「なぜ勉強するのと聞かれたら、あなたはどう答えますか」などと、よく親を脅すように言われる光景を、私はへんだなあと思って見ていました。その答えは、「人間だから」でも「大人は仕事、子どもは勉強。昔から決まっている」でもいいと思います。そもそも、「勉強に理由をつけないといけない人間にしてしまう愚かさ」を感じないことのほうが不思議でした。

基本的に知っているべきこと、それがなければ社会を生きていくうえで支障が出ます。たとえば税制に関する問題が出てきた場合、経済の知識や税法の知識がないと、何が問題で、何を改善しようとしているのかすらわからないと思います。私たちの生活にかかわってくる問題なのに、です。

また、私が大きな問題だと感じているのは選挙の投票率の低さです。誰がやっても変わらないというのは口実で、その裏にあるのは投票できるリテラシー、知識がないまま社会に出たからではないかと思うのです（実際、低投票率のエリアほど子どもが荒れています）。

もちろん、今はYouTubeなどでわかりやすく解説していたり、多くの情報がありますが、これらを受けて知っているからこそ流されてしまう人もいれば、情報をそのまま受け取るのではなく、自分で考え判断する人もいます。

教養であったり、考える力の構築は、言葉の質と量で支えられます。

小学生でも書けるような漢字をひらがなで書いているようでは、知識・教養は磨かれていきません。

教養とは社会的自立であり、社会を支える力のこと。社会に出て、豊かな生活を送るためにも、教養は子どものころから身につけておきたい〝スキル〟なのです。

成果の出る努力は楽するためのもので、苦労するためのものではない

日本人のいいところは、真面目なところ。悪いところはときとして真面目すぎて「くそ真面目」になること。くそ真面目というのは、苦しまないと努力したと思わない人のことです。

もちろん、ときには苦労をしてくださいと私も言います。それは、どうしても苦労しないと身につかないことがあるからです。しかし、もう一つつけ加えると、努力というのは、楽をするためのものであればなおいいということなのです。

なぜでしょうか。

それは、楽なものは継続するからです。

継続は力なりと言います。たとえば、百ます計算は、まったく同じものを繰り返します。子どもも指導する人も楽でいいうえ、しかも短期間でタイムは上がります。

しかし、その効果は苦労して毎日違ったプリントをするのと変わりません。つまり、お得なのです。

でも、こんなことも、そんな横着なことをしてはいけないという変な心の中の縛りがあるとできなくなります。努力とは苦労するものという観念があるからです。でも、それでは長続きはしませんし、効果は出ません。

また、今の時代はスピードも重視されます。楽をして効率よく物事を進める。これからの子どもたちに求められるスキルと言えます。

楽をする努力、これは状況を一気に変える可能性を持っているのです。

教育の成果はすぐに出る

百ます計算をはじめとする「陰山メソッド」に全市を挙げて取り組んでもらった山口県山陽小野田市の事例です。

初年度の5月と2月、小学生3700人を対象に知能テストを実施しました。すると、IQの平均値が102から111へと、9ポイントもアップしていました。

また、同時期に行われた算数のテストでも興味深いことがわかりました。子どもの学力でいちばん伸びているのは、文章題などの思考力を使う部分だったのです。

これは百ます計算に取り組んで計算力を鍛えた成果です。

計算力が弱いと、テストの前半にある計算問題をするのに時間がかかり、後半にある文章題をやるころにはへとへとになってしまいますが、計算力がついてくると、計算問題をすばやくこなし、思考の部分にじっくり時間をかけることができるのです。

今まで「教育の成果が出るのには時間がかかる」というのが、教育界の常識でした。

ところが、この結果を見てみると、教育の成果はすぐ出るということがわかります。教師が教え方を変えれば、子どもはすぐ伸びるのです。

十数年前、子どもに計算問題をさせて時間を計るということは、非常識、極悪非道とされていました。子どもの競争心をあおって、しかも成績の優劣をつけるという理由です。しかし、常識と言われていることは疑ってみたほうがいいのです。

同じような指導をして、同じような結果を生んできたのがいわゆる「常識」です。けれど周囲と違うことをすることで、違う結果が得られるのです。

常識どおりにやれば、教育の成果が出るのには時間がかかる。それならば、非常識と言われるやり方にも取り組んでみましょう。

私は、常々、先生方に、「あなたが正しいと思ったことは、まず正しいのです。どんどんやってみてください。世の中の常識は気にすることはありません。ただ、一点だけ基準があります。それは、あなたが子どもたちの様子をきちんと見ているかどうかです」と伝えています。

子どものためを思い、子どもの様子を観察していれば、恐れることはありません。それは教師だけではありません。親も同じです。

教育とは型にはめることです

将来の自立に向けて、幼いうちから身につけておきたいことに、礼儀作法、時間厳守、整理整頓があります。この3つは、すべて理屈抜きに身につけなければならないという点で共通しています。

毎日のあいさつ、何かをしてもらったときにお礼を言うこと、間違ったときに「ごめんなさい」と謝ることは、社会で暮らしていくうえでの礼儀です。礼儀は単に習慣ではなく、自分の心を相手に伝え、受け入れてもらうための行為です。

その礼儀作法は、国や集団でそれぞれ型が違います。その型を知らなければ、思いは相手に伝わりません。

たとえばある国のあいさつが、舌を出して相手の頭を叩くことだったとします。その場合、その国で相手にあいさつをしたかったら、そうしなければなりません。自分は嫌だと勝手なあいさつをしたら無礼だと思われるでしょう。

今の子どもは、礼儀を知らないと言われます。しかし私はそうは思いません。子どもたちは伝えたい豊かな心を持っているのです。

ただ、型を知らないために思いが伝えられないのです。型と思いが両方備わっていれば、臆することなく生活できます。友だちもでき、目上の人たちにもかわいがってもらえます。

時間の大切さも伝えたいことの一つです。社会では時間に沿って行動します。時間は貧富に関係なく、どの人にも平等に与えられていますが、お金のように貸し借りができるものではありません。いわば、無形の財産です。

ですから、相手を待たせたり無用に手をわずらわせることは避けたいものです。相手の時間を尊重し、自分の時間も大切に使わなくてはなりません。

そして、時間を有効に使い、気持ちよく生活するために、頭の中や身のまわりを整理整頓することが必要です。

整理整頓とは、実は次の行動をすばやく起こすための時間管理と言うことができます。

このように、これらの３つは、理屈ではなく「型」として子どもたちに教えてしまいましょう。

子どもを型にはめるというと抵抗があるかもしれませんが、本来教育とは型にはめることなのです。型にはまってこそ、社会の中で自由に生活できるのです。

整理整頓とは時間を上手に使うためのものです

82ページの「片づけの習慣が頭をよくする」、および前項の「教育とは型にはめることです」という項目で、「整理整頓」の大切さをお話ししましたが、もう少し補足しておきましょう。

整理整頓は、「勉強や工作などの作業を始めようとしたときにすっと取りかかれる」ために必要なのです。すぐ作業に取りかかることができれば、集中できます。

宿題をするのに、「プリントはどこにいったかな」「鉛筆をけずってなかった」ともたもたしていると、勉強する時間がなくなってしまいます。

学校の授業で、チームで作業をするときにも、ひとりが準備ができていないと全体の作業が遅れてしまいます。みんなが準備できているのに、ひとりだけもたもたしていると、いじめの原因にもなりかねません。つまり、整理整頓とは時間を上手に使うための術です。

学校で段取りが上手な子どもを見ていると、勉強や工作が終わったあとに必ず整理整頓を行っています。そして作業の切りかえ、頭の切りかえをすっと行っています。

整理整頓のくせをつけるために、家庭では宿題や家庭学習が終わったら、必ず片づけの時間を作るようにしましょう。


子どもに整理する力がついているかどうかを確かめるには、「この前買った鉛筆はどこにあるの?」と聞いてみるといいでしょう。すぐに答えられれば、頭の中に整理する場所のイメージができ上がっている証拠です。

ただし、誤解をしてはいけないのは、整理整頓は「効率的な作業のため」のものです。「常にきれいな状態を保つため」ではありません。

散らかすのを恐れるあまり、思いきり活動できないのでは意味がありません。勉強や工作をしているときは、周囲が散らかっていてもかまわないのです。

テストはいい点を取らせないといけない

小学校で行うテストでも、テストのための勉強をしてから受けるようにしましょう。子どもたちはこれからずっと中学校や高校で、社会人になるときもテストを受けることになります。そうしたテスト勉強に小学校のうちから慣れておく必要があります。

「テストは学力がついたかどうかの目安であって、別によい点を取る必要はない」「テストの点を上げるための勉強では学力はつかない」と言う人もいますが、それは違います。子どもはテストでいい点を取ることで、学習への意欲がかき立てられ、授業態度がよくなり、より高度な知識を身につけることができるのです。子どもにいい点を取らせることが、学力を伸ばすための第一の方法なのです。ですから、家庭ではテストのための対策を立てて勉強しましょう。

学校のテストは、出題される範囲が決まっており、その中から教科書と似たような問題が出ます。

親は、教科書を読み、子どものノートを見て、学校でどんな勉強をしているのかを知り、模擬試験を作ります。そして、それをテストの前に繰り返しやらせましょう。また、子どもの様子をよく見て、タイプに合わせた勉強をしましょう。

普段のテストで60点までしか取れないという子どもの場合、自分は勉強ができないと思いこみ、勉強していないことも考えられます。読み書き計算の基礎・基本に戻り、しっかり取り組むことが必要です。

60~80点は取れる子どもは、テスト範囲の中の一部分を理解していないのです。ほかのところはできているのですから、今までのテストを見返して、その穴を補えば点は上がります。

いつも80~90点で100点が取れない子どもは、全体を理解しているものの、ケアレスミスが多いのです。解答を書き終わったとき、見直しをする習慣をつけ、不注意をなくせば、100点が取れるようになります。

いったん子どもの成績を上げると決めたら、親は優秀な指導者にならなくてはなりません。そして、子どもが伸びるということに疑いを持ってはいけません。その信念こそが子どもの成績を伸ばすのです。

日本の教育は、知育偏重ではなく徳育偏重

日本の教育は知育偏重になっている。よく聞く言葉です。しかし、実態はそうではありません。一般の義務教育の学校で重視されているのは徳育です。

よく講演で、「いい成績を取れ」と先生に言われて育った人は手を挙げてくださいと言うのですが、ほとんど手が挙がりません。

しかし、「そうじをしっかりやりなさい。約束を守りなさい。あいさつをしなさい。友達と仲良くしなさい」と言われた人、と聞くと多数手が挙がります。つまり、日本の教育は徳育偏重なのです。

問題なのは、この誤解から、基礎・基本となるべき学習がきちんとできていなくてもそのことが問題にされないことです。

漢字の定着率は恐ろしく低くても、そのことは注意されず、物語での登場人物の心情描写の理解や道徳の学習が強調されます。

考えの左右の対立はあっても、日本全体の教育論としては今もって徳育重視ではないでしょうか。

愛国心と国際平和、どちらが重要かという議論の向こうで、これらを支える学力が低くなっているのです。事実に即して議論するという王道を歩んで欲しいと願います。

作文を自由に書けというのは残酷です

「～しました。～しました。おわり」という作文から抜け出して、高度な作文を書くためには、いろいろな技法を駆使することが必要です。

まず、段落構成として起承転結を覚えさせる必要があります。起承転結を考えるということは文章構成を考えるということです。

たとえば、日記も単に時系列で書くのではなく、テーマを持たせて書かせる。

感想文だったら、冒頭にいちばん重要なことを書いて、あらすじを書いて、クライマックスにつながる部分を引いてきて、最後の感想を書くなどの構成を教える。

仮定法、倒置法、擬音語、擬態語、比喩などの用法も教えなければ身につきません。

そして、これらの型を覚えたら、それを使った文章を書いてみる。すると何か高尚な文章を書いたような気になってくる。それが自信につながっていきます。

作文を書くとき、よく先生が「思ったことを自由に書いてごらん」などと言いますが、それは残酷です。羽のない鳥に「自由に飛んでごらん」と言っているようなものだからです。

子どもが書きたいことをきちんと文章で書けるためにも、さまざまな「型」を教えること！　型さえきちんと理解できれば、子どもは自由な発想力でどんどん書けるようになります。

わが子に羽を授けるのも親の務めです。

読書をすると算数の成績も上がる

文部科学省の報告書では、「親の年収、あるいは学歴が低くても学力の高い子の特徴として、読書や親からの読み聞かせの習慣がある」とされています。

本をよく読む子どもは学校の成績も伸びます。山口県山陽小野田市が調査したところ、毎月読む本の冊数と成績が見事に関連していることがわかりました。

とくに、毎月10冊までは正比例して成績が上がっています。ですから、最低月10冊は子どもに本を読ませるといいでしょう。

読書で国語の成績が上がるのは予想がつきます。しかし、この調査の結果を見ると、算数の成績も上がっていた。さらにいちばん大きく伸びているのは知能テストでした。読書は知能テストといちばん相性がいいのです。

この結果はもっと厳密に調べる必要があるでしょうが、読書が言語の部分だけでなく、脳全体の力を高めていることはほぼ間違いありません。

読書自体が脳のトレーニングになっているのです。脳トレはさらに情緒を安定させます。読書好きの乱暴者ってイメージしづらいじゃないですか（笑）。

まず本好きにすることが、学力を伸ばす早道といってもいいでしょう。

本好きにさせるためには、一緒に本屋さんに行って本を選ばせて買ってあげることです。近くに図書館があれば、図書館を活用するのもいいでしょう。

子どもが読みたい本を与えて、読みたいように読ませることが重要です。本が好きになれば、親が読ませたい本も読むようになるでしょう。

子どもが興味を示せば、辞書や図鑑を読むのもいいことです。辞書、図鑑はどこからでも、短時間で読めます。ちょっとしたすき間の時間に集中して読めるのでお勧めです。小説も、この章だけという読み方でもいいと思います。

付け焼き刃でない本当の学力は読書から。親としては、これを肝に銘じておきましょう。

音読は学力と同時に精神力を伸ばす

「陰山メソッド」では、授業に音読を取り入れています。子どもたちがいっせいに日本の古典や詩、漢詩などを次から次に読み上げていくのです。

音読と朗読は目的が違います。スピードを上げてスラスラ読むことで脳を活性化させようというのが音読のねらいです。政治家があんなに元気がいいのもそのせいでしょう。あれだけ叩かれて、人前に出続けるというのは、すごい精神力です。その精神力の土台は声を出すことだと思います。つまり、音読のトレーニングはみんなが思っている以上に効果が高いのです。

私は学生のころ、アナウンサーをめざしていたので、滑舌（かつぜつ）の練習に使う「五十音」や「ういろう売り」で発声の練習をしました。

私自身はそう精神力が強いほうだと思っていませんが、強いと言われることもあるのは、こうした発声をし続けてきたからかもしれません。

7回繰り返せ

私の得意技は徹底反復です。反復ではありません。その違いは何か。気休めのような2~3回の反復ではなく、とにかくできるまで繰り返すこと。その目安がだいたい7回になります。

テレビで活躍している法律家の方なども教科書を7回読んだとおっしゃっていましたので、やはりこのくらい繰り返さないと定着しないということだと思います。

そうは言っても、何でも7回繰り返すほど時間は多くありません。その場合は、これは絶対というものをプリントにして7回繰り返させます。これをすると、成績は跳ね上がります。回数が問題だと、その回数をかせぐために、どのように時間を生み出すかを考えます。それが重要になるのです。

回数に縛られる必要はありません。ただ徹底反復が子どもの学力向上につながるということを覚えておいてください。

聞くことは態度ではなく能力です

低学年の授業で大切なのは「視写」と「聴写」です。
黒板を見てノートを書くのが視写。先生の話を聞いて書くのが聴写です。私たちが教師になったころは、これを徹底的にやらせる傾向がありました。けれど、最近はほとんどやりません。特に聴写はやりません。

今の子どもは人の話を聞かないと言います。聞く練習をしていないので聞けないのです。聞くのは能力です。それを知らずに態度の問題だ、人の話を聞く態度をしっかりしなさいといくら言ってもそれは無理です。能力として育っていないのですから。

どうして言われたとおりにしないのだと言っても、聞きとれないのですから、言われたとおりに動けないのは当然です。

聞いて行動するということは、ある一定の言語量を聞いて頭の中にインプットして、メモリーに保存して、その内容を咀嚼(そしゃく)するという過程が必要です。

これはトレーニングで身につけるもので、初めからできるものではないのです。

私は授業で、まず子どもたちには視写をさせます。黒板に書かれている文字をタイムラグなく書きとっていく。

初めは簡単なものからですが、スピードはかなり速いです。そのあと聴写させる。一字一句聞き漏らさずということが重要です。この練習を繰り返しやりました。

かつて東北大学の川島隆太先生に、子どもたちが聞いているときの脳の活動の画像を見せてもらったことがあります。すると、聞いているだけでは、脳がほとんど働いていないことがわかりました。言いかえれば、聞くというのは恐ろしく難しい作業だということです。ところが聞いたことを書かせた瞬間に、脳がパーッと活性化しました。書くことが脳を活性化させ、聞きとりのレベルを上げていくのです。

聞きながらメモを取るのは、あとで読み返して思い起こすためと思われがちですが、実際は書きながら脳に定着させているのです。逆に言えば、メモを取らずに聞いて記憶するのは難しいということです。

話すことや書くこと、読むことは、それぞれすぐに評価できます。しかし、聞いているのかどうかは、その場ではわかりません。だから、聞く力は見逃されているのです。

図形問題は論理能力を高める

おりがみは子どもの脳を鍛えるのにとてもいい素材です。一生懸命折ることで集中力もつきますし、自分が作りたいものをあきらめずに折ることで忍耐力もつきます。

また、手先を使い、折りながらどんなふうに完成していくかを予想するときに想像力や構成力もつきます。また、立体の作品を折っているときには空間概念が育ちます。子どもは意外に空間図形が苦手なのです。頭の中で立体を回転させるためには、高度なイメージ力が必要となるからです。

この空間概念を育てるためには、具体的なものを見て実際に回してみながら、だんだんイメージを作っていくわけですが、それにおりがみは最適なのです。

そのうえ、図形問題と論理問題は相性がいいのです。図形問題を解いていくためには論理の組み立てが必要ですから。

実生活で活用できる知識と技能の習得をめざすＰＩＳＡ型学力を育てるためには、論理性が必要です。

だから、欧米では図形を重要視し、算数の授業の大部分を占めています。展開図・投影図などは一年生から習います。

日本の学校教育ではあまり重要視されていませんが、おりがみやあやとりなど、日本の伝承遊びを家庭に取り入れるのも、論理能力を高めるためにもいいことです。

日本人教師の英語力は優れている

小学校で、英語学習の授業が導入されています。

「うちの子どもはついていけるのかしら」

「英語の塾に通わせないといけないのかしら」

と不安に思っている保護者の方も多いことと思います。

これからの時代、英語は欧米の言語ではなく、世界の共通言語になるでしょう。日本人は英語を「やるしかない」ことは明らかです。

でも、あせる必要はありません。自分の感情や知っていることを伝えるためには、言語力が必要です。この言語力は、母国語を使いこなすことで身につきます。

小学生の段階では、母国語である日本語をしっかりと身につけることが大切です。むしろ、あまり小さい時期にバイリンガルに育てると、どちらの言語も不十分になってしまう恐れがあります。

英語はしっかりした日本語力の土台の上に習得したほうがいいのです。

日本の英語は受験英語だから役に立たないと言われてきました。しかし、日本人が真剣に英語を必要とするのはどんなときでしょう。

それは留学とビジネスです。英語の文献を読む、レポートを書く、契約書を読む。これらは失敗が許されないものです。

ですが、日本人の留学生が書く文法はよくできていると、アメリカ人に驚かれます。また、日本人のビジネスパーソンが契約書を読めなくて大損したという話はあまり聞いたことがありません。必要に迫られればきちんとできるのです。

日本人はしゃべるのは苦手かもしれませんが、読んで書くことは得意です。これは受験英語で培った力です。

一方で日本人は会話が下手だと言われています。けれど、ネイティブの人に聞くと、(日本語の特徴である) 母音をはっきり発音する日本人の英語はとてもわかりやすいと言います。

ネイティブのように話せないから恥ずかしいというのは、何でも完璧を求める日本人独特の感覚です。

意外ですが、上智大学の英語教育の専門の先生に聞いても、たとえば、日本の中学の英語の先生の発音は、他の言語の訛り(なま)が入る、他の国の英語の先生の言葉よりわかりやすいと評価されるそうです。

国際社会では、流暢(りゅうちょう)に話すより、話す内容が問われるのです。自分の考えや意見をしっかり伝えることが大事なのです。そのためにも日本語力が大切だということがおわかりになるでしょう。

もっとも難しいのは、日本語と母音数の異なる英語を聞き取ることです。今は無料で使えるアプリや映像もたくさんあるので利用するといいでしょう。

ただし、つめこみすぎには注意が必要です。英語嫌いになってしまっては元も子もありませんから。

書くことは自分自身の整理につながる

書くことというのは自分の考えや感情を表現することで、人は書くことで落ちつくものです。

やったことがあるという方も多いかもしれませんが、何かモヤモヤしたものを抱えているときに、殴り書きでもいいので書き出すと、自分はこんなことに悩んでいたのか、こんなことが気になっていたのかという気づきを得られます。そうやって自分の感情を整理するためにも「書く」ことは大事なのです。

また書くことは記録にもなります。人の記憶というのは非常に曖昧(あいまい)なもので、あのときの景色が忘れられないと思っていても、再度訪れると、あれ、こんな景色だったっけ？　ということも往々にしてあります。

私は『陰山手帳』というものも出しており、おかげさまでミリオンセラーとなっていますが、その中にも「1行日記」を設けています。ここに今日はこんなことがあった、どんな日だったなど、その日のことを書くのです。手帳というのは残していけますから、後日見直すと、同じタイミングで病気になっていたり、同じタイミングでスランプに陥っていたりと、自分自身のバイオリズムといいますか、行動パターンというのも見えてきます。

子どもにとっても「書く」ことは大事です。そして書く力を伸ばすためにはたくさん書くことが大事です。うちの子は作文が書けなくて、まるでポエムのようですというご相談も受けます。

そういう子には「桃太郎」など、子どもが知っている物語を使って誰がどこでどういうことを言ったのかを時系列で整理させていきます。これによって、文章の流れをインプットしていくことができます。

それができたら身近なことで短い文章を書かせます。その時にも必要な要素がちゃんと入っているかを確認してあげましょう。

最後にどう思ったのか、気持ちを聞き出しますが、ただ単に楽しかったではなく、どのように楽しかったのかなど、感情の発展をさせていくといいでしょう。

書くことも積み重ねです。ぜひご家庭でもたくさん書かせるようにしましょう。

時間感覚を身につける

幼稚園時から腕時計を持たせましょう。デジタル式でもアナログ式でもどちらでもかまいません。ご飯を食べる時間をはかったり、勉強時間をはかったり、小さい頃から時間感覚を身につけることは、タイパ、コスパなどと言われている時代において有益です。今日は何分で終わったから明日はこのくらいでやろうなど、挑戦する気持ちも芽生えますし、そのために集中して取り組むようになります。

私が監修した置き時計「スタディタイム」はカウントダウンタイマーとストップウォッチ機能がついており、親子で使えるものになっています。

時間にルーズな大人は信用してもらえません。子ども時代から時間感覚を身につけるようにしましょう。

成績が上がるからいい勉強ができる

テストというのは、子どもに教えたことがどれだけ定着したかを見るもの、と思っている教師がいますが、これはまちがいです。小学校におけるテストは、その単元ができるようになったと子どもに自信をつけさせるものなのです。ですから、テストをする前には対策が必要です。まず類似問題をやらせてみる。そして、その子どもの弱点がわかったらそこを強化してやる。こうした準備段階があれば、子どもはテストでいい点を取ることができて自信をつけるのです。

抜き打ちテストをやって子どもの自信を失わせては、やる意味がありません。自信こそが勉強の原動力なのです。いい勉強をして、テストの点が上がるのではないのです。いい点を取るからこそ、自信が持てていい勉強ができるのです。ですから、私は抜き打ちテストはほとんどしませんでした。子どもが抜き打ちテストをされて、悪い点を取っても気にしないようにしましょう。わが子に大事なのは「自信」です。

反復ではダメ、徹底反復だ

皆さんは、祝日を楽しみにされているでしょう。でも、学校には困ることがあるのです。日本には祝日が多すぎ、生活習慣が身につきにくいのです。

今、年間で16~17日、月に平均1回以上は祝日がある計算になります。

特に、5月のゴールデンウィークは、行楽には最適ですが、この一週間で4月にしつけたことが崩れてしまい、学習意欲がすっかりなまってしまいます。そして、今度は2学期明けの9月や10月にも三連休ができ、冬休み明けの成人の日なども含め、学期始めからしばらく経過すると、休みが続くという形になってしまったのです。

休日が多すぎて授業しづらい状況を打開するためには、一方で一週間の生活サイクルを効率的に使うような教育方法の開発が必要になってきます。

私たちは、そのためにモジュール授業を開発してきました。一日の最初に7分程度の単位（モジュール）を2~3コマ設け、その時間で計算力や漢字などの徹底反復、詩や文学作品の暗唱を行い、学力の基礎・基本や暗記力、集中力などを養うのです。

モジュール授業は圧倒的な効果を上げており、1年生でも秋ごろになれば百ます計算を2分以内で、詩や文学作品の一節を50以上は暗唱できるようになります。

モジュール授業は、子どもが伸びる力を実感できる授業となっています。その鍵は、徹底した反復です。

反復といっても、多くの人は2~3回とか、多くても数回と思うものですが、全然足りません。143ページでもお話ししたように、子どもが明らかに突き抜けたと思うまで徹底反復するべきです。

プリントなら7回、漢字なら20回くらい練習します。成果の出る直前でやめるから、そのよさが実感できないのです。

これはご家庭でも同じです。長い勉強時間ではなく、短い時間でも集中して取り組ませ、徹底反復。考えることなく、すっと出てくるくらいまでできてこそ、知識が定着していることになるのです。

まさか、指導要領だったか

世界一とも言われているフィンランドの教育。フィンランドの子どもたちの学力が高いのは、現場での裁量権が大きいからとか、先生が大学院を出ているからとか言われています。しかし、私はどうしてもそれが理解できませんでした。

私は現場で教材を作ってきましたが、日本でもけっこう自主的にやろうと思えばできますし、大学院を出ているから優秀と思った先生は残念ながらひとりもいません。

一方、短大出身でも、偏差値の低い大学出身でも、おそろしいほど高い力量を持った教師をたくさん知っています。

ですから、私はその真実を知るためにフィンランドに行きました。

行ってみて、フィンランドの子どもの学力が高い理由はすぐわかりました。それは、優れた条件の中で難しい勉強をしているからでした。

フィンランドでは小学校の1年生から高度な学習をしているのですが、できなくなる子が出てくるのは想定の範囲内なので、20人あまりの子どもたちに3人の先生がついています。

また、町中に子どもがたむろするような店もなく、夕方にはほとんどの家庭に親が帰ってきて子どもの面倒をみます。ですから、生活習慣も崩れにくいのです。

しかし、そのフィンランドに対して日本はどうかというと、第1回目の国際学力調査（PISA）の結果で言えば、数学は1位、読解力も悪いとはいえ、32カ国中、8位だったのです。

なぜ一人の教師で40人の子どもを教えなければいけない悪い条件で、家庭学習もせず、テレビも見放題の日本の子どもたちの学力が第1回目はトップだったのでしょう。

フィンランドに行って私がわからなくなったのは、フィンランドの教育ではなく、日本の教育の強みのほうだったのです。

しかしそれは、フィンランドの教科書を見てわかりました。日本の教科書は、学年によって学ぶことがしっかり決められており、それが系統的に並べられています。実はこうした緻密な教育課程になっているのは日本くらいのものなのです。

その特色を揺るがせてしまったのが2002年から実施された改訂学習指導要領でした。つまり、それまでの学力低下は生活習慣の崩れによりますが、PISAに見られる成績低下は学習指導要領の改訂によるところが大きかったと私は思うのです。

新しい学習指導要領もまだまだ改良の余地がありますが、国際標準を意識したものになっています。この成否が日本の教育の復活への糸口になると私は思います。

知性は自然の中で育つ

先年、イギリスとフィンランドに行く機会がありました。この2つの国の教育はまるで正反対のように見えます。

イギリスではリーダーを育てるために特権階級の人たちに厚い教育を受けさせる。フィンランドでは、すべての子どもたちに平等が保証された教育制度をとっている。ところが両国の教育システムには、いくつかの共通点があることに気づきました。

一つには、高いレベルの教材を提供し、そのためのカリキュラムが編成されている点。2つめは、優れた指導者と、それを支える図書館や校舎など施設のレベルが高い点。そして3つめ。ここが日本との決定的な違いですが、のんびりと自然と触れあうゆとりの時間を取り入れている点。欧米には、人間の知性は自然の中で育つ、という考え方があります。ですから、両国ともハイレベルなことをやっているのですが、休暇も多くあります。この差こそ、日本と欧米の教育に対する考え方の差なのでしょう。

小学校で学ぶことはおそろしく少ない

学力向上の実践をつきつめる中で、私が発見した重要なことの一つは、小学校で学習することは恐ろしく少ないということです。たとえば、公式。面積をもとめるものは正方形、長方形、平行四辺形、台形、三角形、円、これくらいでしょうか。

面積の単位は平方センチメートル、平方メートル、平方キロメートル、それにアール、ヘクタールを加えても、それくらいです。多いといわれる漢字でも、6年間で約千字です。千といえば、多いように思いますが、一日一文字覚えても、時間はありあまります。要は学習のやり方なのです。

ところが、この少ないことすらきちんと覚えられていないと、いろいろな問題につまずいたり、教科書がすらすら読めなかったりします。そうなると、本人も周囲もあきらめてしまうのです。でも、この少ない内容をしっかり覚えれば、ある段階から急にできるようになります。私がガリ勉学習を勧めるのはそういう理由からです。

いじめのない学校がいいとはいえない理由

いじめ自殺の報道が過熱していたころ、不思議なことがありました。

いじめはよくないと言ったあと、大人社会にもいじめがある、という意見も出ていたのですが、では大人のいじめをなくそうという意見はまったく聞かれなかったことです。

これでは、仮に学校からいじめを追放できたとしても、学校を卒業して社会に出たらいじめがあるということになります。これは、子どもの側からしたら詐欺みたいなものではないでしょうか。

先生はみんな平等だ、仲良くしなさいと言いながらテストで差をつける。子どもの側から見たら極めておかしい。

もちろん、いじめをはじめ、誰かを傷つけるようなことはなくしていくべきです。

そして、「いじめが悪い」と言うなら、大人であろうと子どもであろうと、いじめは悪いとしなければいけません。

学校だけに建前を押しつけていじめを形式的に排除したとしても、子どもはむしろ大人の本音と建前の使い分けを学習してしまうのです。

教育の問題を自分たちの問題としてとらえられない限り、本質的な解決の方向は出てこないのではないでしょうか。

間違ったことは、大人であろうと、子どもであろうと同じ。そういったことをきちんと示すことが大事なのではないでしょうか。

いい授業をするからではない。成績を上げると、いい授業ができる

教師はみんないい授業をすれば成績が上がると信じこまされています。しかし、それは成功したことのない人の考えです。実践してみると逆です。成績を上げると、授業はいいものになってきます。

なぜでしょうか。

成績がよくなると、自信もつき、よりよくなろうという意欲が育ってくるからです。意欲のないところでいい授業をしても、ついてこない子どもたちを叱ることになるのは目に見えています。

成績を上げるとは、テストの点を上げることです。その方法も教師なら簡単です。だって問題を知っているのですから。

まず、テストに出そうなところを丁寧に教え、模擬テストなどをして、弱いところを補強してあげれば、それだけでテストの点は一気に上がってきます。

丁寧に指導するところは、テストに出るところ、そう思えば子どもの意欲も高まります。そして、努力が成果に結びつけば意欲が育ちます。

テストのときは、できた子から持って来させます。しかし、修正できる間違いがあるうちは提出させず、見直しを指示するのです。

勉強嫌いな子は、早くテストから解放されたくて、見直しをせずに持ってきます。ですから、見直しができるまで突き返します。

しかし、何度も突き返しているとやがて怒ります。そんなときは、「3番さ、気持ち悪くない？」などと言えば、本気で見直します。そこでまちがいに気がつけば、スカッとします。これが、次のテストのとき見直しをする意欲につながるのです。

こうやってテストのやり方が身につけば、先生の指示に対する信頼が高まり、授業もいいものになっていくのです。

もちろん家庭学習でも同じです。49ページでもお話ししていますが、答えから教えてもいいのです。努力して、やればできる、という自信と意欲はご家庭でも身につけさせることができるのです。

人を批判する人も、人から批判されない人も伸びない

私の反復学習は、それまでの「常識」を打ち破ってきましたから、多くの批判を受けました。しかし、その批判を続けている人たちの実践というのは、私から見て停滞しているように見えます。

なぜでしょうか。それは、人を批判するというのは、自分が正しいということを基本的に前提としているからです。そして、正しいものは変わるわけにはいきません。つまり停滞するのです。

一方、私は批判される立場ですから、それに負けないためには、たえず実践を進化させなければいけません。つねに新しいことを考え、それを具体化してきました。ですから、指導法は新しいことを加えながら、より効果的なものになってきました。そして、それは今も続いています。

私が世に知られるようになって、もう20年以上経ちましたが、多くの人に期待され、またそれを多くの人に見られている中でも、進化があったからこそ、ただのブームで終わらなかったのだと思います。

そして、今思うのです。人を批判するものは伸びない。また批判されないものも伸びないと。

私の指導方法は、師匠の岸本裕史先生の教えを忠実に守った、「いつでも、どこでも、だれでもできる方法」です。しかも、短期間に抜群の効果を発揮します。しかし、表面的には広がっているように見えても、これまでのやり方と違うため、否定する方もいますから、その効果は広がらないのです。

ある教育問題が起こったときに、広報を担当した人間がたたかれたり、批判されたりしますが、本当にその人が悪いのでしょうか。

その問題の根本的な原因はどこなのか？　しかし、多くの問題において、それに対する検証・反省はどこからも聞かれません。本当に問題があるところが批判されていないからです。

批判するものは伸びない。批判されないものも伸びない。これは教育問題だけ、子どもだけに限らずですが、物事の本質を見抜く力、考える力を身につけて欲しいと思っています。

第5章

社会

～今日のような明日があると思うな

子どもの将来を子どもの自主性に任せてはいけない

子どもの将来を、子どもの自主性に任せてはいけません。

現代は、年金問題、学力問題、雇用問題など、問題山積で心細い時代です。これだけ社会事情が複雑になり、親の人生観すら危うい中で、子どもたちがなんの指針もなしに、自分の将来を決めることなどできるはずがありません。家庭では親が社会のことをもっと知り、子どもの将来像を語り合っておく必要があります。そうでないと、価値観の空白をテレビの情報が埋めてしまい、それに踊らされることになります。

それは、子どもの職業を親が決めるということではありません。親子の価値観を共有することです。家庭といえども組織なのですから、方向性は必要なのです。

家庭では、子どもの教育に関する、原理、目的、価値観などをはっきり定めておきましょう。この方針がぶれないかぎり、親も子どもも悩むことはありません。逆にこれが曖昧だと家庭が崩壊します。

日本の指導法は世界一。その秘密は指導要領

基本的に、学校とは均一的・画一的な教育をするところです。国民の平均的な学力を上げるという面からいえば日本は優秀です。

フィンランドの教育がいいと言われますが、当たり前です。157ページでお話ししたように、いちばん難しい教科書を使って、1クラス20人あまりの少人数学級に先生が3人ついて指導している。対する日本は、少ない予算で、1クラスに40人の子どもをつめ込み、あれだけ薄い教科書です。しかし第1回目の国際学力調査で、数学は1位でした。その理由は、指導要領にあります。

3年生で面積の基礎を学習して、4年生で三角形、5年生で円の面積というように、学年ごとに学習することをきちんと決めているのが日本の特色です。他国は意外とアバウトです。ですから、義務教育でも飛び級などということができるのです。日本のシステムではそれはできません。

教育は現実を生きる営みであり、フィクションではない

国語・算数・理科・社会ができても、石油がなくなったらどうすればいいのかわからないようでは、現実社会につながりません。

石油はどこの国にあるのか、それをどこが買っているのか、それらの国々をめぐる関係はどうなのか、そうしたことをきちんと学ぶことが大切なのです。

私は兵庫県朝来町立（現・朝来市立）山口小学校に勤めていたころから、子どもたちに、「毎日、新聞を読め。世界で起こっていることに興味を持て」と言ってきました。それを言えるのは、自分が興味を持っていたから。つまり、親も大きな社会の流れに興味を持たなくては、子どもを指導できないということです。

子ども受けすることばかりを教えると、子どもは学習に対するリアリズムを失います。今の日本の学校教育は、夢や希望ばかりがもてはやされます。

しかし、学校から一歩外に出ると、社会を生き抜く厳しさは増しています。今の子どもたちが社会に出るころには、ますます厳しくなっていることでしょう。

教育は勉強だけではありません。現実を生きる営みであり、フィクションではないのです。自立するために教育はあるということを、しっかり自覚させるべきでしょう。

世界はさらに発展した社会で活躍できる人材育成に力を注いでいます。残念ながら、日本の教育はオワコンとも言われているのです。

日本はもっと危機感を持って、世界と戦うためのスキルを身につけていく必要があります。

自国はもちろん、もっと世界の動きに目を向けていかなければいけないのです。

これからの時代は、「勉強、嫌」ではすまない

我々日本人が食べるものの6割は輸入品です。使っているエネルギーの9割は海外から来ている。

日本の国土は島国で、地理的に極めて閉鎖的環境にありながら、世界中からものを集めて生活を成り立たせているという二重性を持っています。

景気は後退し、日本のGDP（国内総生産）はドイツに抜かれ、世界第4位となりました。近々、第5位への転落も囁かれています。

このように日本の置かれている立場は厳しくなりつつあるのに、その生活を維持するための勉強はしんどいから嫌ということでは通用しません。

自分が勉強しなくても、まわりの人たちが働いて日本を発展させてくれる、などという幻想を持つことは危険です。

最近問題となっているエネルギーの不足、食料の不足、そのあとに訪れるだろうと言われ、最大の問題となるであろう水の不足。

私たちの社会が発展し続けるために考えなければならないことは、CO_2だけでなく、ものすごくたくさんあるのです。

この社会を維持するためには、教科書だけで学ぶ時代は終わったのかもしれません。リアリズムをもって、私たち一人ひとりが高度に学び続けないとならないのです。

社会は信頼をエネルギーとして動いている

今の子どもたちは親から叱られたことがない。ニートの若者に聞くとたいていそう答えます。叱られたことがないから、社会に出て上司に叱られるとびっくりしてしまう。そして仕事を辞めてしまうのです。

私が山口小学校で教えていたころは、遠慮なく子どもを叱っていました。

ただ、子どもを闇雲に叱ってもだめです。叱るということをきちんとプログラム化しておかなければなりません。ですから、私は叱る項目を次の3つに絞っていました。

①人の心と体を傷つけるな。
②宿題など、やるべきことは怠けるな。
③失敗してもいいが、ウソはつくな。

①は当然のことです。

②に関して言えば、世の中は学力で動いているのではない、信頼で動いているということです。どんなにいい仕事をしても、納期に間に合わせなければ話にならないでしょう。社会に出たとき、その人の能力とは信頼性のことなのです。だから怠けることだけは絶対に許さないのです。

③についてはこれまでお話ししてきたとおりです。

子どもたちには、社会は信頼をエネルギーとして動いている。だから、信頼される人間になれと、徹底して教えました。その信頼の最低のラインとして、この3つを指導したのです。

しかし、それでも子どもは怠けます。ですから、そのときは思い切り叱ります。厳しく叱る私を見て、ときどき子どももこう反論します。

「先生は怠けたことないいんけ？」

「ある。だけどきちんと叱られてきた。だからお前たちも叱られなさい」と。

この3つを学年の初めに約束する。そして、破ったらガーッと叱る。

本当に厳しく叱ってきましたから、きっと私に恨みを持っている子どもはたくさんいるのではないでしょうか。でも、好かれようと思ったら叱れません。

私は、子どもに嫌われても仕方がないと思っています。おかしいことはおかしいと知っておかなければ、教師の責任は果たせません。子どもに好かれることは、教師の目標ではありません。

よく叱った子がいました。この間、たまたま会うと、最近の若い子は根性がないと嘆いていました。「おまえが言うことか」と笑いをこらえるのに苦労しましたが、その言葉の中に成長を感じました。

子どもに遠慮してはいけません。叱るべきは叱る。感情で怒るのではなく、教えるために叱るのであれば、こうしたルールを持っておくことは有効だろうと思います。

将来、役に立つ勉強をさせよう

これまでの日本の教科、授業は、教師の常識の枠組みの中で考えられてきました。多くの教師は一般社会に出たことがないので、一般社会の常識と乖離(かいり)している部分がありました。実社会で必要とされるスキルが軽視されていたのです。

たとえば、国語というと、作品を読んで作者の心情を読みとっていくなど、文学的な要素が強調されていました。作品の内容も道徳のような側面がありました。

しかし、実社会において小説を読むというのは、趣味や教養の分野です。実社会に出て必要な読む力は、契約書や説明書を読む力です。

作文も文学的で情緒的な文章より、業務を説明したり企画をプレゼンしたりするような、事実を伝える文章です。

私はかねがね国語では言葉の決まり、いわゆる文法面を強化すべきだと思い、そのように主張もしてきました。

書いて自己表現することが必要だと思っていたので、作文もそのような練習をしていましたが、当時としてはそのような授業をする教師はいませんでした。

現在の学習指導要領では、PISA型学力の構築ということで、自分の考えたことを文章で伝えることが求められています。

以前、外国の科学者が、日本の科学者は能力があるのに英語の論文が書けない。内容はあるのだが、論理のすすめ方が根本的に違う、と言っていました。

英語の論文は、まず結論を持ってきて、そのあとに理由を説明します。ところが日本語は、最後に結論を持ってくるので、海外では受け入れられないのです。

このような論文の書き方も、小学生のうちから練習をしておけば、なんなく身につくはずです。それをしないのは、日本の教育が未来を向いていないからです。

教育とは、将来子どもの役に立つものであるはずです。

将来に役立たない教育は、子どもに無駄な努力を強いるだけで非効率です。

これからは世界と未来を見据えることが必須！

今までの日本の教育議論は、いじめだ、不登校だ、落ちこぼれだと、今の学校だけを見つめて教育を考えていました。そのために、「早寝・早起き・朝ごはん」の重要性を見落としていたり、過度に教師批判が吹き荒れていたりしてきたのです。

しかし、本来、教育は未来の設計図です。未来を考え、その未来のために、今何をすべきかを考える営みです。そして、今の日本の社会は、本格的な国際化時代を迎え、グローバリズムの中で、その真価が問われています。

国内にある問題を問題として考えるのは当然ですが、重要なのは、未来を見据え、世界に通用する人間を育てることで、これからはそれが求められるのです。

日本は太平洋戦争に敗れ、アメリカの占領下にあっても、小学校から英語を学習させるということにはなりませんでした。それが平和な時代の中で、自らその決断をしているのです。時代を読み解くことなく、これからの教育はあり得ないでしょう。

日本人が日本人を信頼しないで、幸せになれるはずがない

教育を考える枠組みに、政治家を入れてはいけないという議論がありますが、私はそれはだめだと思います。

未来を見据えた教育をするためには、科学的な考え方、哲学的な考え方、宗教的な考え方など、あらゆる分野の学問を総動員して総合的に判断しなければなりません。

そのときに我々が一つにならなければ、まとまるものもまとまりません。

ぼくはこうしたい、私はこうしたいだけではだめです。それらの意見をまとめる力こそ政治力です。社会をよりよいものにするためには、優れたリーダーが必要となるのです。

そのリーダーを我々が信頼できるかどうかが成功の鍵となるわけですが、今の日本には不思議なくらい信頼感がありません。国を一つにしようという動きどころか、お互いがお互いの足を引っぱり合っている状況です。

でも、日本人が日本人を信頼しないで幸せになれるはずがないでしょう。

そのためにもまずは選挙に足を運ぶこと、政治に真剣になること。そのためのリテラシーをつけることが重要です。

中には、はちゃめちゃな議員もいますが、そうやって主張をすることもある意味大事なこと。

あれはおかしい、これはおかしい、だからこのように改善していこう、そのような声をもっとあげていいと思います。

教育もそうですが、これからの日本がどうあるべきか、そのためには何をすべきかを真剣に考える必要があります。そろそろ批判合戦はやめませんか？

日本はアジアの端にある島国。だから閉塞しやすい

大分県・別府にある、立命館アジア太平洋大学。ここは学生の半分が海外からの留学生という非常に面白い大学です。留学生は日本語も堪能なので、世界じゅうの情勢を日本語で得ることができます。

ここで、以前、チェコの学生と出会いました。チェコの話を聞いたところ、通貨統合、東欧の再開発などで、ＥＵ全体の経済が活発になってきた。その結果、チェコでも大衆車がとてもよく売れるなど景気がよくなり、働く人が足りなくなってベトナムあたりからも労働者がどんどん来るようになったとのことでした。

彼は英語も非常に上手でした。そこで、チェコでは、英語教育はいつからやっているのかと聞いたところ、ベルリンの壁が崩壊したとき（１９８９年11月）からと言うではありませんか。比較的最近のことです。

それまでの外国語といえば、ロシア語一辺倒だったそうです。チェコでは「英語教育とは」などと議論する前に、有無をいわさず英語が入ってきたのです。このように語学は、せっぱ詰まった必要性が生じれば身につけざるをえない側面があります。

私たち日本人は、アメリカや中国の状況はよく把握していますが、ヨーロッパのことはあまり知りません。現在、世界はものすごい勢いで動いているのに、その中で日本はほとんど動いていません。

それは日本が島国だからです。先進国の中で本当の島国は日本だけです。イギリスだってドーバー海峡は泳いで渡れるぐらいですから、大陸と地続きと言ってもいい。

この地理的な特殊性のために、世界の動きにときとして鈍感になることがあります。しかし、だからといって知らないですまされる時代ではありません。

世界は、情報化でとてもせまくなっているからです。行政としても未来を見据えた教育方針を打ち立てていかなければなりません。

しかしそれは親も同じなのです。子どもたちが生きていく時代を理解し、適切に助言できるような力が必要となってきています。世界がどのように動き、今何が問題になっているのかを知る、そのうえで子どもの教育の方向性をさぐるのが親の務めです。

正反対の意見の人から学ぶことが、いちばん役立つ

私が、教育再生会議の委員だったときご一緒した、現役高校教師（当時）・宮本延春先生の『オール1の落ちこぼれ、教師になる』（角川文庫）という著書には教えられることが多かったです。

宮本先生は中学生のときに音楽と技術以外成績がオール1だったそうです。それが、中学を卒業後、見習い大工やミュージシャンを経て、建設会社で勉強しながら国立の名古屋大学に入学を果たすのです。人間いつ学問を志しても遅いということはないのですね。

この本には、宮本先生の勉強方法も書かれています。

それを見ると、「数学は、頭と目と手で計算すること」、「毎朝、必ず簡単な基礎計算を五分から十分行う」、「暗記物のポイントは、忘れないうちに思い出す」など、やはり基礎・基本の徹底反復が大切だということがわかります。

また、何よりすばらしいことは、周囲の人の理解に支えられて勉強していることです。

宮本先生は、19歳で建設会社に就職し、24歳で定時制高校に入学しますが、そのときに勤めていた会社の社長は、勉強する時間を確保するために仕事を早退することを認めてくれるなど、会社ぐるみで応援してくれます。

さらに、定時制高校の先生は、彼だけに特別補習授業をして、大学受験のためのバックアップ体制をとってくれるのです。

日本には昔から、学ぼうとする人間を応援する風土がありました。私はこの本を読んで、まだその社会的風土が失われていないことを知って安心しました。

それもこれもすべて、宮本先生が「学びたい」という意思をしっかり持ち、大学入学という目的に向かってポジティブに行動していたことが、周囲の人びとを動かしたのです。

このように、宮本先生の本は、人がものごとをポジティブに捉えて行動することのすばらしさを教えてくれます。ポジティブな考え方が自分を成長させてくれるのです。

私も会議などで、反対や批判の意見をぶつけられて、むっとすることもあります。でも冷静になって考えると、批判意見というのは自分の弱点をついていることも多いのです。

その弱点を克服するためにはどうすればいいのか、と考えることで自分も成長し、次に進むことができます。

今はＳＮＳなどもあり、個人攻撃がしやすく、心ないメッセージも多くあると思います。

もちろん度をこしたものに関しては対応を考えていくべきですが、どんな批判意見もポジティブに受けとめるようにすると、ほんの少し心が楽になるのではないでしょうか。

今日のような明日があると思うな

「昨日のような今日があるからといって、今日のような明日があると思うな」、私はかねがね、現場の先生にこう言ってきました。現在がまさにそうです。

地球温暖化、そして、それによって引き起こされている自然災害、エネルギー不足、食料不足に加えて、全世界規模での大不況。いよいよ人類的な危機が始まったのではないでしょうか。

その中にあって、日本が50年後、100年後も安定して豊かな成長が持続できる社会であるためにはどうすればいいかを考える、いい機会がめぐってきたと思っています。

世界は国際化、競争社会の中で生き延びる人材を育てる教育へとシフトしています。ところが日本はどうでしょうか。いわゆる一流大学に入ることがゴールになっている一面も感じます。

そうではなく、どういう教育をすべきかを考え、親も「うちの子どもはどのような人生を歩んでいくのか」という教育の観点を改めていかなくてはなりません。日本の社会が衰退してしまったら、どんなに有名な大学に行こうと関係なくなってしまうのですから。

現状を打開するためにはものすごく高度な学力と思考力が必要となります。理科的な知識、社会学的知識も必要だし、哲学的な発想も求められます。そしてそれを一つの結論にまとめ上げなくてはなりません。それができる人間を育成することこそ、これからの教育の役割なのです。

日本は島国ということもあり、世界情勢に疎く、平和ボケと言われることもあります。

今日の平和、安定がずっと続くわけではない。わが子が強く、そして幸せに暮らすために、親もその点を意識して子育てをする時代なのです。

本書は、小学館より刊行された『一日3時間以上、勉強するな！』を、文庫収録にあたり加筆し、改題したものです。

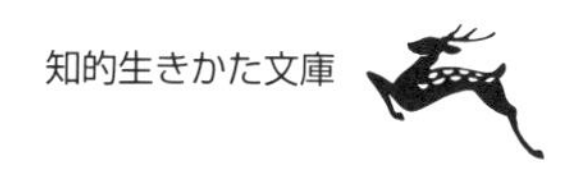

陰山式　「突き抜ける子」の育て方

著　者　陰山英男（かげやま・ひでお）
発行者　押鐘太陽
発行所　株式会社三笠書房
〒102-0072　東京都千代田区飯田橋3-3-1
https://www.mikasashobo.co.jp
印　刷　誠宏印刷
製　本　若林製本工場

ISBN978-4-8379-8917-2 C0130

知的生きかた文庫

脳科学的に正しい英語学習法

加藤俊徳

脳の仕組みを使えば、英語はムリなく身につく！「単語は自分がよく使うものから覚える」「ネット検索で速読力を鍛える」他、超英語嫌いを克服した著者による驚きの英語学習法!!

コクヨの結果を出すノート術

コクヨ株式会社

日本で一番ノートを売る会社のメソッド全公開！　アイデア、メモ、議事録、資料づくり……たった1分ですっきりまとまる「結果を出す」ノート100のコツ。

頭のいい説明「すぐできる」コツ

鶴野充茂

「大きな情報→小さな情報の順で説明する」「事実＋意見を基本形にする」など、仕事で確実に迅速に「人を動かす話し方」を多数紹介。ビジネスマン必読の1冊！

東大脳クイズ——「知識」と「思考力」がいっきに身につく

QuizKnock

東大発の知識集団による、解けば解くほどクセになる「神クイズ348問」！　東大生との真剣バトルが楽しめる、「東大生正解率」つき。さあ、君は何問解けるか⁉

数学的に考える力をつける本

深沢真太郎

一流の人はみな数学的に考え、伝えている！　「ゆえに」「以上」など〝数学コトバ〟を使うことで、頭を一瞬で整理し、論理的な自分に変わる法！

C50492